脳から指へ九九のようにスラスラ
読譜力、初見力が向上

BASIC HANON

伊藤仁美――編著

ハンナ

©HANNA Corporation 2017 printed in Japan
この音楽著作物の全部または一部を権利者に無断で複製（コピー）
することは、著作権の侵害にあたり、著作権法により罰せられます。

このQRコードを読み取ると、本書に準拠した動画をご覧いただけます。

動画インデックス

動画1：脱力の実践　肩と腕の力の抜き方

動画2：脱力の実践　脱力して鍵盤に腕の重さをのせる

動画3：エクササイズ1　プレ・ハノン

動画4：脱力しながら指先を鍛えましょう

動画5：指のストレッチ

動画6：エクササイズ2　各指の筋トレ（柔軟な指を作るために）

動画7：エクササイズ3　ハノン1番〜20番までの練習

動画8：エクササイズ4　音階

動画9：エクササイズ5　半音階

動画10：エクササイズ6　アルペッジョ

動画11：エクササイズ7　苦手な指の動きをチェックしてみましょう

目　次

はじめに …………………………………………………… 4

なぜハノンが必要か？ …………………………………… 4

ハノンはいつから始めるべきか？ …………………………… 5

脱力について ……………………………………………… 6

エクササイズ1　プレ・ハノン ………………………… 8

　　■ 指の強化 ……………………………………… 9

　　■ 指のストレッチ ……………………………… 10

エクササイズ2　各指の筋トレ（柔軟な指を作るために）………… 11

エクササイズ3　ハノン1番～20番までの練習 ………………… 12

　　　　　　　　エクササイズ3のまとめ ………………… 24

エクササイズ4　音階 ……………………………………… 48

エクササイズ5　半音階 …………………………………… 62

エクササイズ6　アルペッジョ …………………………… 63

エクササイズ7　苦手な指の動きをチェックしてみましょう …… 67

五度圏について …………………………………………… 70

あとがき …………………………………………………… 71

はじめに

フランスの作曲家Charles-Louis Hanonシャルル＝ルイ・アノン[1819 – 1900]（日本では英語・ドイツ語風に「ハノン」と呼ばれている）は、教会のオルガニスト、ピアノ教育者として名高く、一般的に、ハノンピアノ教本 "Le Pianiste Virtuose en 60 Exercices"（技巧的に優れたピアニストへの60の練習）の作曲家として知られています。

ハノンピアノ教本（以下「ハノン」）は、ピアノを弾く基礎練習に使われていますが、その関わり方はさまざまで、ピアニストや指導者の間でも「指の訓練には絶対に必要…」「非音楽的なので不要…」などと賛否両論です。

しかしながら、楽器で何かを表現するためには必ず技術が必要で、特にピアノの場合は10本の指全てで音を鳴らすことが可能なため、それぞれの指への指令、限りなく多様な指の組み合わせを考えると基本的な指の機能訓練は欠かせません。

ピアニストの基礎練習の方法は人それぞれで、自分に合ったエクササイズを持っていなくてはなりませんが、私はやはりハノンがとても効率のいいエクササイズだと思います。

なぜハノンが必要か？

日本ではピアノを習っている人はかなり多いのに、プロフェッショナルな演奏活動をしているピアニスト以外、殆どの人は人前で演奏できるレパートリーがごく限られています。

子供たちでも多くはコンクールや発表会の曲しか弾けない、音楽大学や音楽高校の生徒でも、学校の試験のための楽曲を長い時間をかけて練習して仕上げてから本番で演奏したのにすぐ弾けなくなり、いつも弾ける曲は今練習している曲だけ…またピアノの先生も生徒の弾いている曲のお手本をすぐ弾いてあげられない、という人が多いのはなぜでしょう？…

ピアノは一人でメロディ、ハーモニーを同時に鳴らしてアンサンブルすることが可能なため、演奏するにはかなり多くの音を受け持たなければならず、他の楽器と比べると譜読みが困難、ということがまず大きな問題になるでしょう。

新しい曲は、山林の道なき道に、獣が何度も何度も同じ所を通ってできる「ケモノ道」を作るようにして練習しています。スラスラと弾けるまでには時間がかかり、やっと仕上げても、少し弾かないでいるとすぐに弾けなくなってしまいます。「ケモノ道」をしばらく通らないでいると、たちまち又草木が生い茂って道が消えてしまうように、ピアノの演奏も頭の中で音楽は鳴っていても指が動いてくれません。これではいつまで経ってもレパートリーが増やせないし、新しい曲を始めるたびに新たな道を作りながら進めるのでは、練習できる時間が少ないとピアノを続けることさえできません。忙しいからピアノを辞めてしまう…とても残念なことです。

譜読みの遅い人の多くは、音が認識できても指に指令が素早く出せず、まさぐるようにゆっくり弾き、音楽として表現できないまま、音を記号のようにとらえながら練習しています。これでは音楽的な流れとして記憶し辛いので、なかなか演奏に至りません。

そこでまず脳から指に送る神経回路を、京都の街の「碁盤の目」のように整備された道と同じように前もって作っておけば、脳から指に出す指令はスムーズになります。その回路を作ってくれるのがハノンなのです。

ハノンは九九と同じだと思ってください。九九を覚えていなかったら算数が恐ろしく厄介なことになります。九九を忘れる人がいないのは毎日何年も使い続けてきたからです。ニニンガ4からクク81まで覚えるように、ハノンの1番から20番までを覚えて、全調で自由自在に弾けるまで指に記憶させておけば、特別難しい曲でなければブラインドタッチでピ

アノが弾けます。そして初見の能力も上がります。

　ハノンが大の苦手で大嫌いだった私が、毎日ハノンを日課にするようになったのは40才を過ぎてからです。演奏以外の仕事も多くなってピアノを落ち着いて練習する時間が少なくなり、毎日短時間でテクニックをキープしながら、生徒の前ですぐ弾いて聴かせる必要ができたからです。

　また、素晴らしい才能があるのに、筋肉や腱を使い過ぎて痛める人たちだけではなく、同じ箇所を集中して何度も繰り返す練習をしたために脳がストライキを起こし、ピアノを弾こうとすると指が突っ張ったり、丸まって打鍵できなくなってしまったピアニストも少なからずいます。日常生活では何でもなく動く指が、ピアノを弾こうとする時だけ手指が言うことをきかないのです。弾けない所を何度も弾けるまで突き詰めるようなことはせず、手の能力そのものを高めてから曲に挑戦した方が手や指のためにいいと思います。

　もともとヴィルトゥオーゾ・ピアニストを育成するために作られた、ピアノ教本「ハノン」は、いろいろなモチーフをゼクエンツの形で弾く曲をはじめ、長調、短調の音階、半音階、アルペッジョ、重音、オクターヴなど60のエクササイズでまとめられており、毎日全部を1時間で弾くように勧めています。

しかし、大半のピアノ学習者にはハード過ぎます。

　そこで、本書では必要最低限のエクササイズを無理なく1日15分程度でできるようまとめました。

　ハノンのエクササイズで最も効果的なのは、指への指令のスピードを上げることだと思います。アナウンサーが早口言葉の練習をして滑舌を良くするのと同じです。もちろん脱力と各指の神経の分離が必要不可欠ですが、毎日全速力で弾き、それを記録することで確実にスピードは上がっていきます。けれども、ある程度のテンポまではトレーナーの助けが必要で、この段階では指の訓練というより耳と脳を刺激する訓練と言った方がいいかもしれません。

　興味深いことに、ハノンを自分が弾ける精一杯のテンポより速いテンポで他の人に弾いてもらい、自分はそれを聴いて膝の上でシミュレーションしながら軽く指を動かした後、実際にピアノで弾いてみると一瞬でスピードが上げられます。指のスピードは聴くだけでも上がるのです。

　また、記憶している音型は、よりスピードが上がりますが、大脳での記憶の他「技の脳」と言われる小脳で記憶する必要があります。そのためには繰り返し繰り返し弾いて習慣づけ、九九と同じように身につけてしまいましょう。

ハノンはいつから始めるべきか？

　既にピアノを弾いている人は年齢に関わらず今すぐ始めましょう。何才になっても効果は確実に出ます。けれどもまだピアノを弾いていない人はピアノのおけいこを始めるのと同時では早過ぎます。

　九九を始めるのは足し算、引き算ができるようになってからですが、ハノンは、ピアノを自分の意識を持って、言葉を話すように歌えるようになってから始めましょう。何か表現したいという気持ちを持

てないうちにハノンだけ機械のように弾けても意味がありません。まずは自由に音楽の楽しみを体験してからにしてください。

　そしてハノンを始める前にぜひ「脱力してピアノが弾ける」「重さを支える程度に指を強くする」「指を十分拡げられる柔軟な手にする」ことを忘れないでください。

脱力について

ハノンは脱力ができてから始めるのが理想です。

演奏会やコンクールなどで身体をこわばらせて弾いている人を多く見かけますが、ピアノが弾けなくなる原因のトップは、脱力ができていないことです。

では、どうして力が抜けないのか？「脱力・力を抜く」ということは、簡単なようで意識して実行するのは意外に難しいのです。それは日常生活の中で意識して物を持ち上げたり、動かしたりする時は必ず「力を入れて」行動するからです。言い換えれば「筋肉を緊張させ、筋力を使って」仕事をすることがほとんどなのです。

その上大きな物、重い物を持ったり動かしたりするときは、大きな力を使い、小さな物、軽い物を持ったり動かしたりするのは小さな力を使っていますが、いずれもエネルギー源が筋力なのです。

けれども、「ピアノを弾く」ということは、準備のために腕を鍵盤の位置まで上げるのに筋力を使い、実際に音を出す時には脱力して腕の重さを鍵盤に伝えます。言い換えれば、脱力して誰にもある腕の重みを打鍵の動力に使うのです。脱力を覚えると速い動きでなければ身体は強い音を出す時ほど楽になります。

拍手をする時に、手に力を入れて叩くより、力を抜いて叩く方がずっと大きな音が出ますが、強い音ほどコントロールがいらないということは、日常でも無意識に体験していると思います。ただ、強い音を出す時には筋力をエネルギー源に使わず、腕の重力とスピードを使うということを、意識して身体に覚えさせるまでが難しいのです。

けれども私たちの周りにはピアノの他にも、空手や合気道などの武術の技や、テニスやゴルフなどテクニックの必要なものはそれぞれ上手く自分の体力、筋力に合わせて重力、スピード、タイミングを使って表現しているものが多いので、何かのきっかけで身体の使い方を身につければ、道は大きく広がると思います。

ここで、脱力の実践に入りましょう。

まず、まっすぐ立ち、両肩を同時に思い切り上げ、1から5まで数えてから〝ストン〟と両肩を落として、力が抜けることを実感します。また、腕全体を上げたり、肩甲骨を〝ぎゅっ〟と寄せては戻し、力の入った状態と力を抜いた状態の違いを身体の中から感じるまで、何度か繰り返します。真の脱力というのは肩甲骨から肘、手首、指の関節を緩め、自分の意思では何も動かせない状態です。まずこの状態を自分で実感することが必要です。

次に腕を〝ぶらん〟とさせて、力を抜いた時には掌_{てのひら}が両方とも内側に向いて腿_{もも}に触れていますが、この状態が尺骨と橈骨_{とうこつ}という2本の腕の骨が平行に並び、筋肉も捻れないで緩んでいる状態です。そのまま、ピアノの前に座りますが、ここで椅子の高さについて提案したいと思います。

最近は補助ペダルや足台が各種作られていて、小さな子供でも無理のない姿勢で演奏することができるようになりましたが、それでも椅子の高さが身体に合わなくて肩が上がっている人が多いのが現状です。鍵盤に腕の重さをかけるには、肘の位置が鍵盤より下がらない方がいいのですが、今の子は上腕（肩から肘までの部分）が長いので、身長が伸びたからと椅子を低くすると肘の位置が鍵盤より下にきてしまいます。その状態で腕の重さをかけようとして無意識に肩が上がってしまうようです。作曲家にして大ピアニストだったF.リストの演奏スタイルを見ても、ゆったりと少し高めの椅子に座っています。

こうしてバランスの良い姿勢で座ったら、前述の〝ぶらん〟とした腕をそっと鍵盤の上まで持っていき、クラスターのように指を軽く丸めたまま〝ストン〟と力を抜いて鍵盤の上に落とします。手を黒鍵のひとつをめがけて落とすと、びっくりするほど大きな音がするはずです。それが肩から脱力した時の音です。

次に手を白鍵にそっと下ろし、3, 4, 5の指を揃えて縦に並べ、今度は白鍵のひとつに〝ストン〟と力を抜いて落とします。その時指を軽く丸めたまま黒鍵

に落とした時と同じような音が楽に出るまで何度も繰り返し、4の指を軸にして（指を内側に全部折ると4の指が一番長くなります）、右手は時計と反対の方向に、左手は時計の方向に回して手首の動く軌道をイメージします。その時、肘の内側が上を向いているように、それからそっと手を起こし、5, 4, 3, 2, 1の指に重さを移動させながら音を出します。

　指は5本もあるので、少し難しいかもしれませんが、2本足（脚を含む）で歩く時の足の運びと同じだと考えてください。

　片足ずつ交互に上げて歩を進める時、体重は着地している足にかかっていて、歩を進めた足が着地する時に体重が移ります。そして歩を進める足は一瞬緩めなければ動かせません。この繰り返しがあるから人間はかなりの距離を歩けるのです。歩みを進めるように指に重さを順番に移動して音を出してみましょう。

　5, 4, 3, 2, 1がスムーズになったら、右手は時計と反対回り、左手は時計回りの軌道を描きながら、5, 4, 3, 2, 1, 2, 3, 4, 5と弾いてみます。

　水の重さで回る水車をイメージしてみてください。最初は片手ずつ、両手で弾く時は反進行で弾きましょう。人間の手は左右対称なので、ユニゾンで弾くことは想像以上に難しいのです。その時、弾き終わった指を高く上げる（特に小指と親指）人がいますが、これは伸筋という指を上げる筋肉が緊張するからです。打鍵する時、指は屈筋を緊張させているので、弾き終わった指は屈筋を弛緩させれば鍵盤は自然に上がります。実は、力が入って曲の途中で弾けなくなったり、腕が痛くなったりするのは、この伸筋の疲れによることが多いのです。脱力というと、肩、腕、手首などに意識が行きがちですが、指も余分な力を使わないようにしたいものです。

　オルガンの名手だった J.S.バッハがどんなに見事な演奏をしたか私たちは知る由もありませんが、当時実際にバッハの演奏を見た人が、「バッハの指は何も弾いていないみたいだった」と記述しているのを読んで、「あぁなるほど…」と思いました。現代のすばらしいピアニストの演奏を見ても、いとも簡単に楽に弾いているような手の使い方をしています。

　指を一本一本意識することは必要ですが、バラバラに動かすことはエネルギーの消耗が大きいので長いパッセージには向きません。四輪駆動の車は凸凹道には有能ですが、長距離の移動にはレールの上を走る電車の方が楽なのと同じです。

エクササイズ1 プレ・ハノン

　両手とも脱力して手首と指を上手に動かすことができたら、20曲のハノンに入る前に、両手の指を左右対称に使って反進行の練習をします。

　パッと手を膝の上に置いて自由に動かしてみましょう。

　ほとんどの人が両手とも**5・4・3・2・1**と動くはずです。左右対称の動き、それが人間の手の自然な動きなのです。

　最初にリラックスして鍵盤の上に置いた手の形を保ってください。弾き終わった指を高く上げる癖がついた人を直すには、このエクササイズをする時に、小指と親指を軽く押さえたまま弾いて、反射的に伸筋が緊張する癖を取ってください。

　こうしてリラックスして手が軌道を回り始めてから少しずつテンポを上げていきましょう。ゆっくり一音ずつしっかり弾くより速いパッセージをなめらかに弾いた方が正しい奏法が身につきます。なぜなら、正しい奏法でないと速いパッセージがきれいに弾けないからです。

　手が小さくて筋力の弱い子供の場合には、ゆっくり強く弾くよりも、むしろ軽いタッチで弾くほうが無理のないテクニックで弾けるため、脱力が身につくと思います。

　ハ長調からイ長調までそれぞれ2回から4回ほど繰り返しながら順番に弾いてウォーミングアップします。

ハ長調 - C dur - C Major
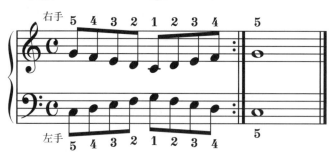

ニ長調 - D dur - D Major

ホ長調 - E dur - E Major

ヘ長調 - F dur - F Major

ト長調 - G dur - G Major

イ長調 - A dur - A Major

■ 指の強化

ハノンは指を強くすることも意図していますが、日本では「ゆっくり、しっかり強い音」でハノンを練習して、指をしっかりさせてから脱力に入る傾向にあるようです。指を強くすることが先か脱力が先かは、「卵が先か鶏が先か」の議論になってしまいますが、どちらも同じくらいに大切ですから、同時に学ばなければなりません。

特に最近の子供たちは手を使って遊んだり重いものを持ったりしないので、指が弱くてどうにもならないと悲鳴を上げている先生も多いのですが、腕の重さを指で支えることができ、60グラム以上の負荷をかけないと動かない鍵盤を打鍵できるだけの手に成長するまでは、ピアノを弾くのを待った方がいいと思います。ピアノという楽器は弦楽器のように小さなサイズのものがないので、歌を歌ったり聴いたり、リズムに合わせて動いたり踊ったり、ソルフェージュで音楽の基礎力をつけ、ボール遊びやお手玉、鉄棒、雲梯など、できるだけ手を使った遊びをして指を鍛えてからピアノを始めるほうが、結果的に近道だと言えます。

とは言え、「指を強くしながら脱力をさせたい」というのは誰もが望むところです。指先はしっかり、けれども腕はリラックスして…大人ならバスや電車の中で立っているときに吊り革につかまりますが、このときごく自然に指に力を入れ、肩から腕は力が抜けています。

家の中では、自分の手に合ったマグカップか丸い容器を持ってみましょう。落とさないように、と意識が働くので、指先が自然に丸く均等に緊張します。それを掴んだまま、今度は腕をブラブラ振ってみます。はじめはこわばって動きがギクシャクしますが、だんだん慣れて指先だけしっかり、他はリラックスして動かせるようになります。無意識にできるようになったら、容器に少しずつ錘を入れていってください。また、指を強くするレッスングッズが各種市販されていますので、手に合ったものを利用するのもいいでしょう。

人間の指は訓練すれば指立て伏せができたり、指で懸垂ができたりするほど強くすることも可能ですが、ピアノを弾くには腕の重さを支える程度の強さで充分です。肩甲骨から緩めた腕を秤に置いて腕全体の重さを量り、今度は脱力しながら1本ずつ指を秤に乗せます。指にかけた重さが腕の重さ近くあれば、指の強さは充分です。

しかし、ハノンを弾く際には、決して強い音を出そうと叩かないでください。私がチェコ人のピアニストのレッスンを受けた時に、「ハノンは*ppp*（ピアニッシシモ）で、練習しなさい」と言われました。それまでハノンは強くしっかりした音で練習するもの、と認識していたので驚いてしまいましたが、よく考えてみると*ppp*で弾くためには、指の筋力を意識し、指先の繊細な触覚を使いそっとタッチして鳴らした音を、研ぎ澄ました耳で聴き取りながら練習しなければなりません。この練習はとても集中力が必要なのですが、むしろ強い音を出しながら弾くより指への意識が高まり、弾くのに一番必要な筋力がつきます。

ピアノを演奏するためのさまざまなテクニックの中で最も難しいのは、弱音のコントロールですが、一人でリズム、メロディ、ハーモニーを受け持つことができる「ピアノ」という楽器で、美しいアンサンブルを表現するためには決して欠かせないテクニックです。

■ 指のストレッチ

　筋力がつく前から、もちろん筋力がついた後からも、指を柔軟にするためのストレッチは欠かせません。各指の分離はピアノを弾く上で大きな課題です。

　指を拡げるピアニストの手はがっちりとしているように見えますが、実はとても柔らかいのです。チェルニー・ステファンスカのレッスンを受けた時にも、指先がとてもしっかりしていて、いかにも強そうな手だったのに、あとで握手をした時はあまりにも柔かくて驚きました。素晴らしい音を奏でるピアニストやピアノ教師の手は筋肉が柔かいのです。手も身体と同じで、年を重ねてもずっとピアノを弾いていくためには、柔軟性を失わないようにしたいものです。

　各指には骨、筋肉の他に腱があり、またその腱を結ぶ腱があるのですが、この腱が短かったり硬かったりすると指が独立して動きません。特に4と5、続いて3と4の指の間は腱の結合が強く、昔は腱を切り離す手術なども行われていたようですが、危険を伴いますので、根気よく指の柔軟体操などをして拡げるように心がけてください。

　膝の上に手を置いて、1、3、5の指と、2、4の指を交互に曲げたり伸ばしたりしてみましょう。これがスムーズにできると指の分離が楽になるでしょう。

　また、手が小さいと悩む人が多いようですが、実際には手はあまり大きくないほうが便利です。けれども拡がる手にすることは必須です。お風呂の中などで指と指の間の水かき部分を毎日揉んで柔かくしながら、少しずつ拡げていきましょう。特に親指と人差し指の間の角度を拡げると、オクターヴが楽に届くようになります。

エクササイズ2　各指の筋トレ（柔軟な指を作るために）

練習を始める前に、各指のストレッチをして指の筋肉を目覚めさせましょう。オクターヴが十分届く人は、1音1音弾いた指で鍵盤を押さえたまま、2小節ずつ弾いていきます。慣れてきたら、各2小節を2回ずつ繰り返してみましょう。届かない人は無理をしないで弾き終わった指を上げても構いません。

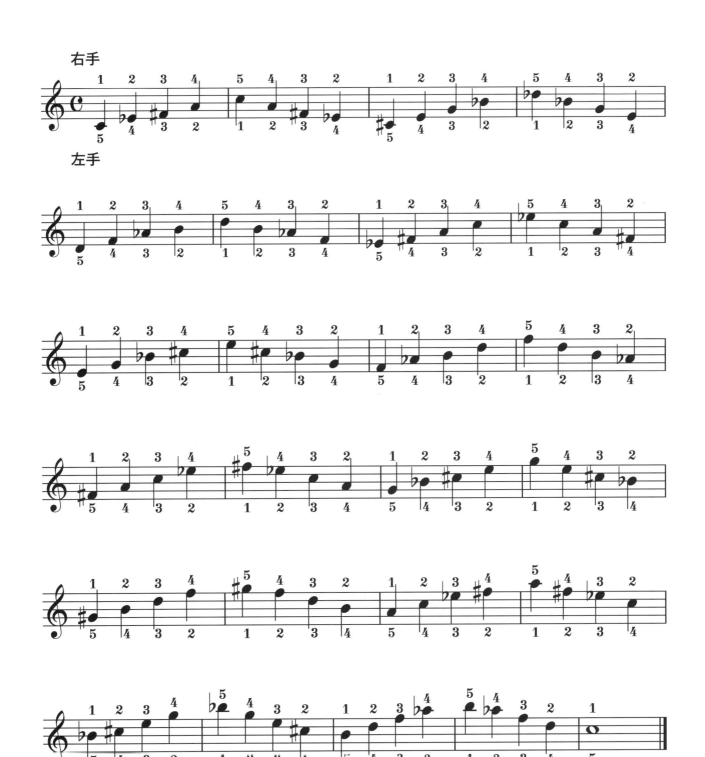

エクササイズ3　ハノン1番〜20番までの練習

いよいよハノンの練習に入りますが、1番から20番までを全調で毎日弾くことをお勧めします。とは言っても、いきなり1番から20番まで全部を弾くのではなく、最初はハ長調で1番だけを丁寧に練習しましょう。毎日弾いて覚えてスラスラ弾けるようになったら、1番と2番、次に1番と2番と3番…というように20番までを全部弾けるようにします。1週間に1曲ずつ増やしていくと20週間かかりますが、3日に1曲なら60日で20曲、毎日1曲なら20日で20曲…自分のペースで進めましょう。

どちらの手も一番楽な位置で、1オクターヴずつ必ず左手、右手別々に弾きます。というのは、人間の手は左右対称にできているため、両手のユニゾンで弾くのは無理があるからです。「脱力」のところで紹介した手首の軌道を感じながら、片手ずつ練習した方が無理のない自然な奏法を楽に身につけられます。

指にさまざまな基本パターンを記憶させておけば、初めて弾く曲でもずっと指令が楽になります。

もちろん拍感を持って弾きますが、機械のように弾くのではなく、おしゃべりをするようなイントネーションをつけてください。1拍16分音符4つの音を言葉に置き換えてみましょう。

日本語の単語は圧倒的に4文字の単語が多く、ほとんどが強弱強弱となっています。

「けいたい（携帯）」「がっこう（学校）」「ようふく（洋服）」「えんぴつ（鉛筆）」「どんぶり（丼）」「ふうけい（風景）」「くうかん（空間）」「せんたく（洗濯）」etc.

これらの単語を16分音符4つの音に置き換えてそのニュアンスを音で表現してみると、音がモノを言いはじめます。

よく、レッスン中に生徒が演奏しているとき、「タラタラ弾かないで、粒を揃えて！」と、つい言いたくなりますが、実際には「タラタラ」のニュアンスで弾く方が「タタタタ」と粒を揃えるより音楽的に歌えるのです。

10番までは、左手、右手それぞれ1番から10番まで弾きますが、それ以上進んでからは、左右で分けて弾いてみてもいいでしょう。なぜなら、片方の手の訓練をすると、もう片方の手の能力も向上するそうです。（「NHK市民大学―トレーニングを科学する」宮下充正）より

20番まで弾けるようになったら、右手が1番から10番、左手が11番から20番、今度は、逆に左手が1番から10番、右手が11番から20番を1日交代で弾いてもいいでしょう。

リズム練習を入れたり、デュナーミクを変えたりしてもいいのですが、脱力できる無理のないテンポで弾いてください。

こうして1番から20番まで順番にスムーズに弾けるようになったら、逆に20番から19、18…と練習してみると、はじめは少しギクシャクするかもしれません。また、奇数番号と偶数番号で左右の手で分けて練習しながら20曲を完全に全部覚えてください。

次にその20曲を全調で弾けるよう進めます。

「なぜ全調で弾く必要があるのか？」…じっくりピアノを眺めてみましょう。ピアノには白鍵と黒鍵があり、並び方が均等ではないので、調性ごとに指の運びが違ってきます。白鍵22mm、黒鍵9mmとそれぞれの幅はほぼ決まっていますが、黒鍵のCis－Dis間は18mm、Fis－Gis、Gis－Ais間は16mm、Dis－Fis、Ais－Cis間は30mmと違います。さらに白鍵と黒鍵の半音の距離も全部違うので、全調で弾けるようにすることは結構複雑で大変なのです。だから鍵盤を見なくても弾ける、いわゆるブラインドタッチを可能にするためには、全部の調性のパターンを手が覚えなくてはなりません。

最近は絶対音感を身につけている人が多く、頭の中で調性の切り替えが必要な転調はかえって難しいようですが、全調に慣れることで相対音感が身につき、テーマがいくつかの近親調に転調するバッハのインヴェンションの読譜力は格段に増します。

ハ長調から全調に向けての進め方は、まず5度圏を順番に右回り（ハ長調－ト長調－ニ長調－イ長調－ホ長調－ロ長調）します。ちょうどシャープ（♯）が

1つずつ増えていき、そして全部白鍵から始まります。

　次に5度圏を左回り（ヘ長調−変ロ長調−変ホ長調−変イ長調−変ニ長調−変ト長調）フラット（♭）が1つずつ増えていき、ヘ長調以外は黒鍵から始まります。これも1週間にひとつ、あるいはシャープ系フラット系をひとつずつ増やしていき、全調で弾けるようになったら半音ずつ（ハ長調−変ニ長調−ニ長調−変ホ長調…）で進めるとスピードが一段とアップします。いろいろ試してみましょう。

　また、調性によって音色を変えてみるのも面白い練習方法です。1曲ずつ「木のような音」「ガーゼのような音」「シルクのような音」「水のような音」「コンニャクのような音」など、いろいろなマテリアルをイメージしながら音色を変えていき、豊かな音のパレットを持ちましょう。

　最初のうちはミスをしない、弾き直しをしないということが全体の時間短縮につながるので、集中して無理のないテンポで練習してください。少しずつテンポを上げ、メトロノームで♩=120で弾けると5分で1番から20番まで弾けるはずですが、できれば毎日全部を何分何秒で弾けたかを記録するといいでしょう。毎日記録することで手の調子が分かり、能力を伸ばすことができます。何でも記録するとしないとでは効果が大きく違ってくるそうですから…。

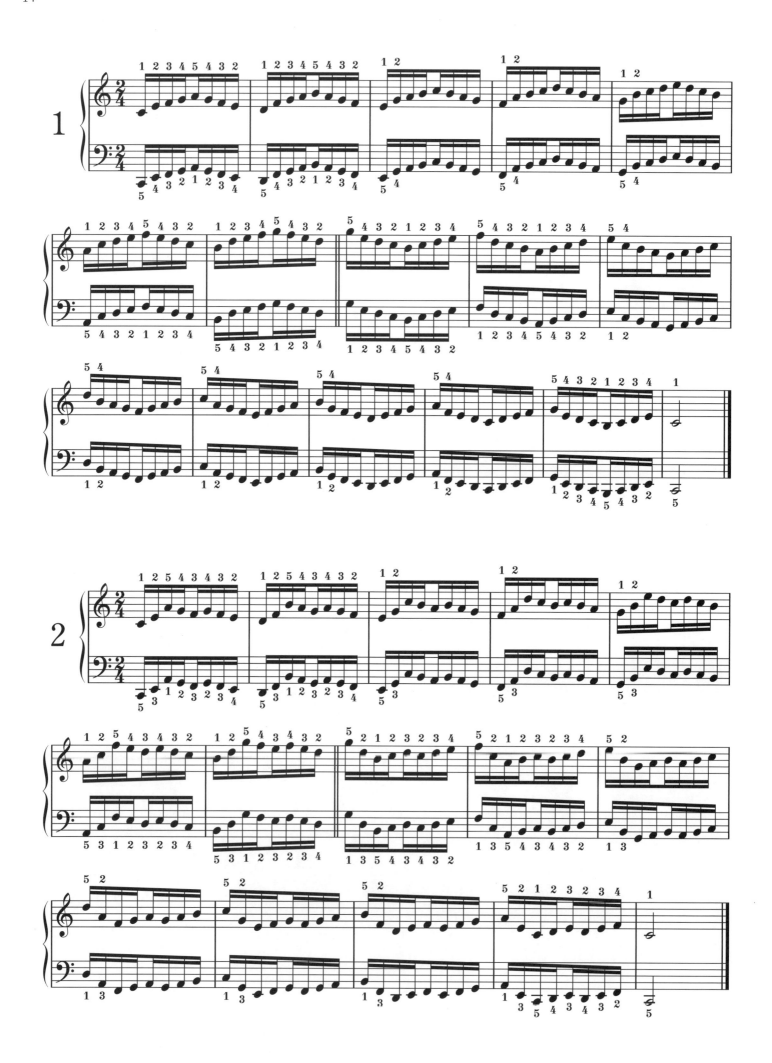

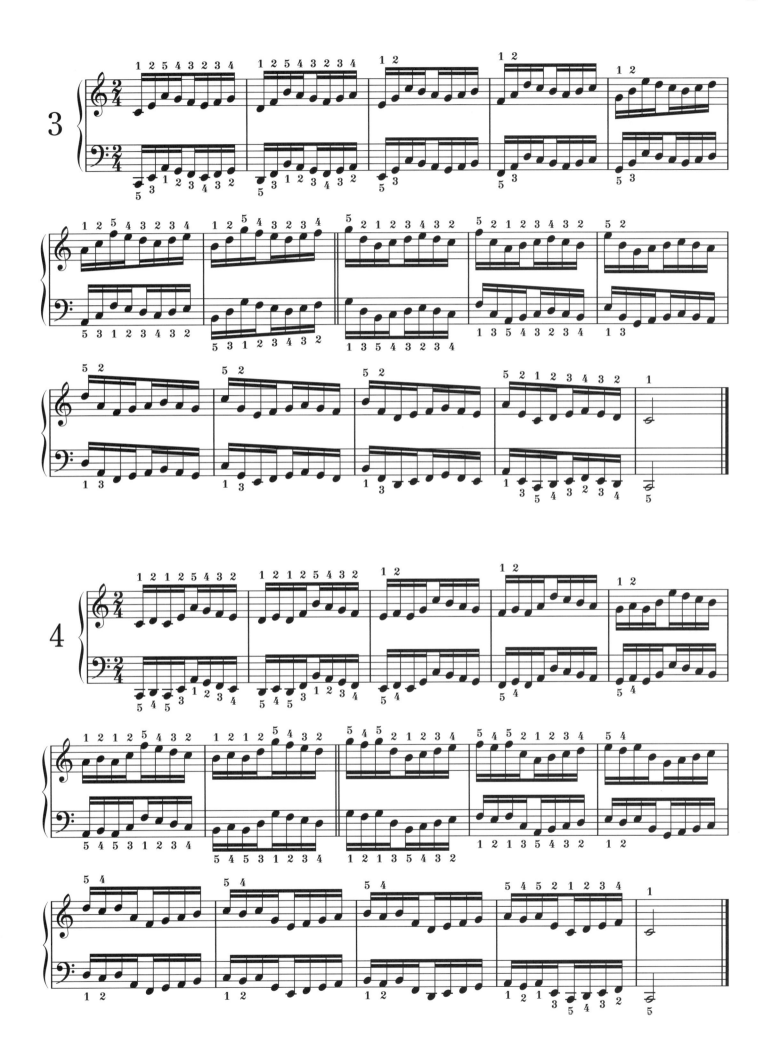

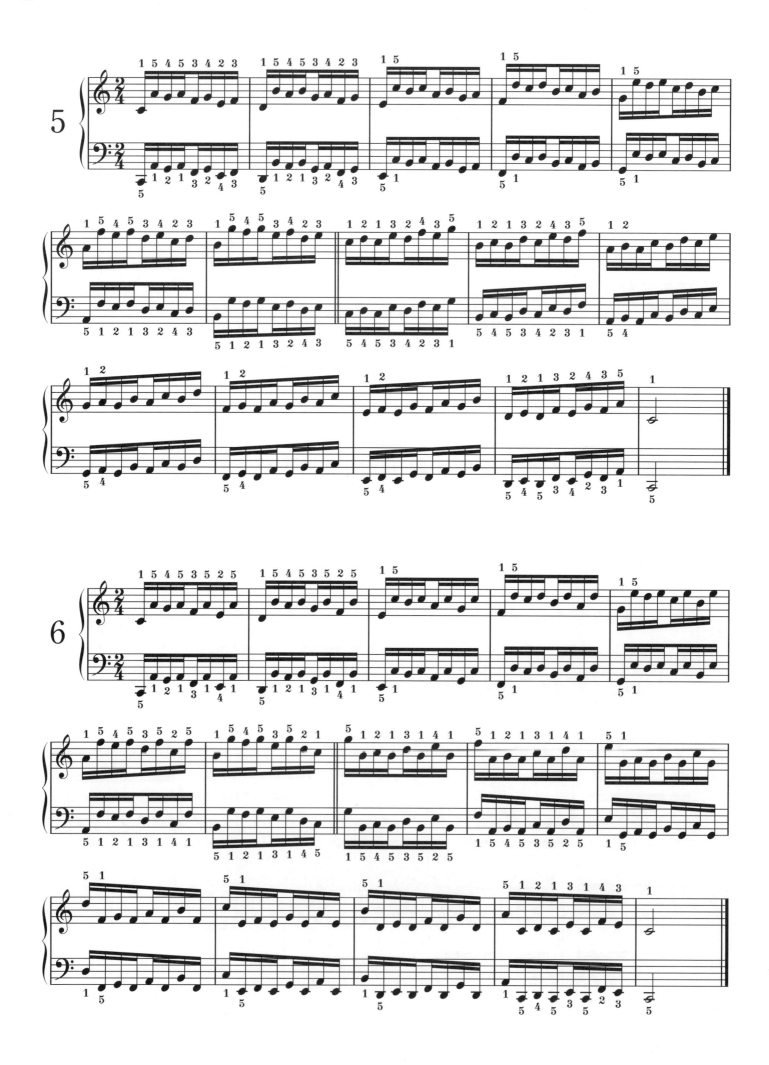

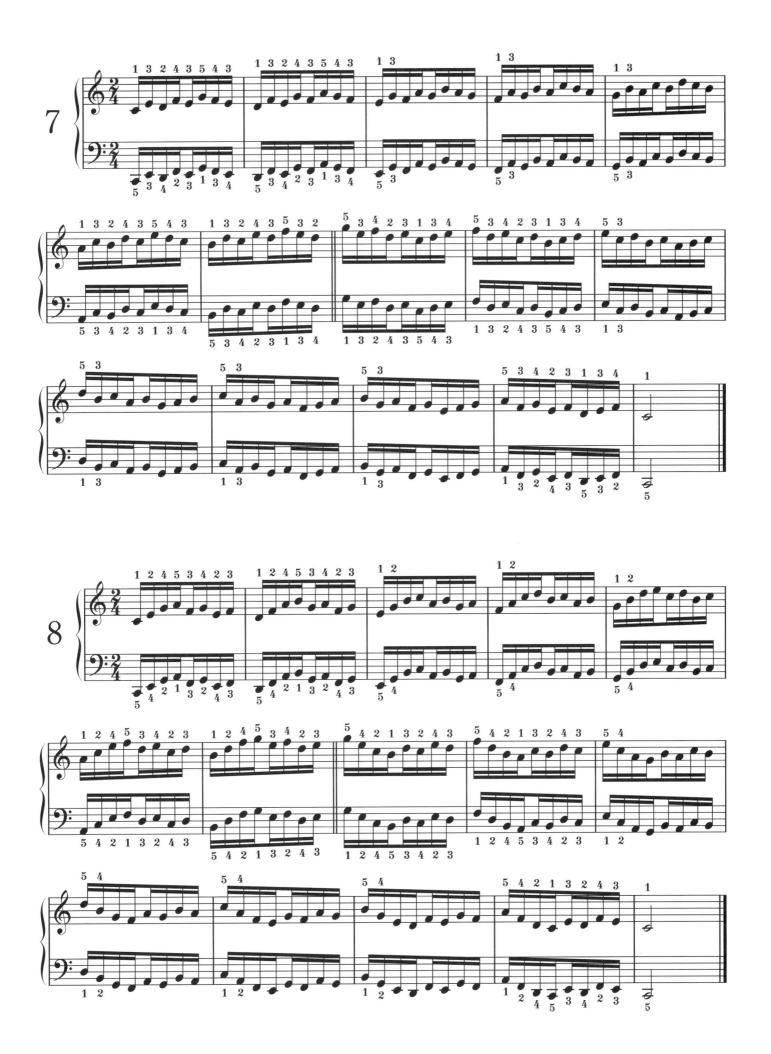

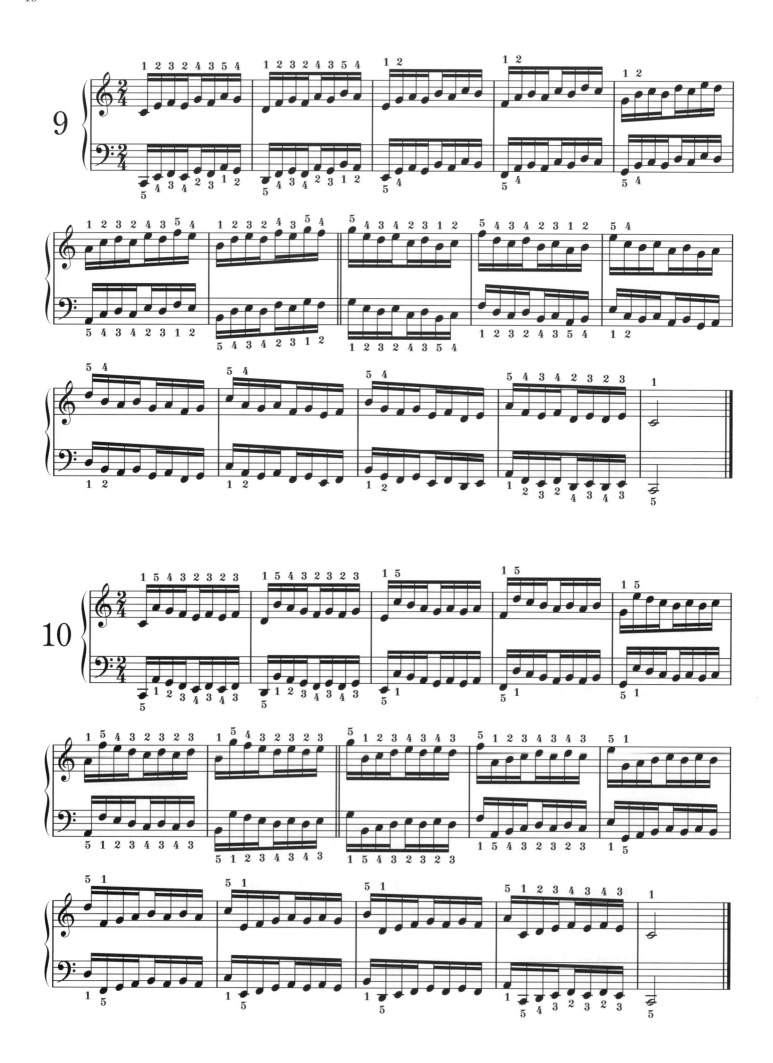

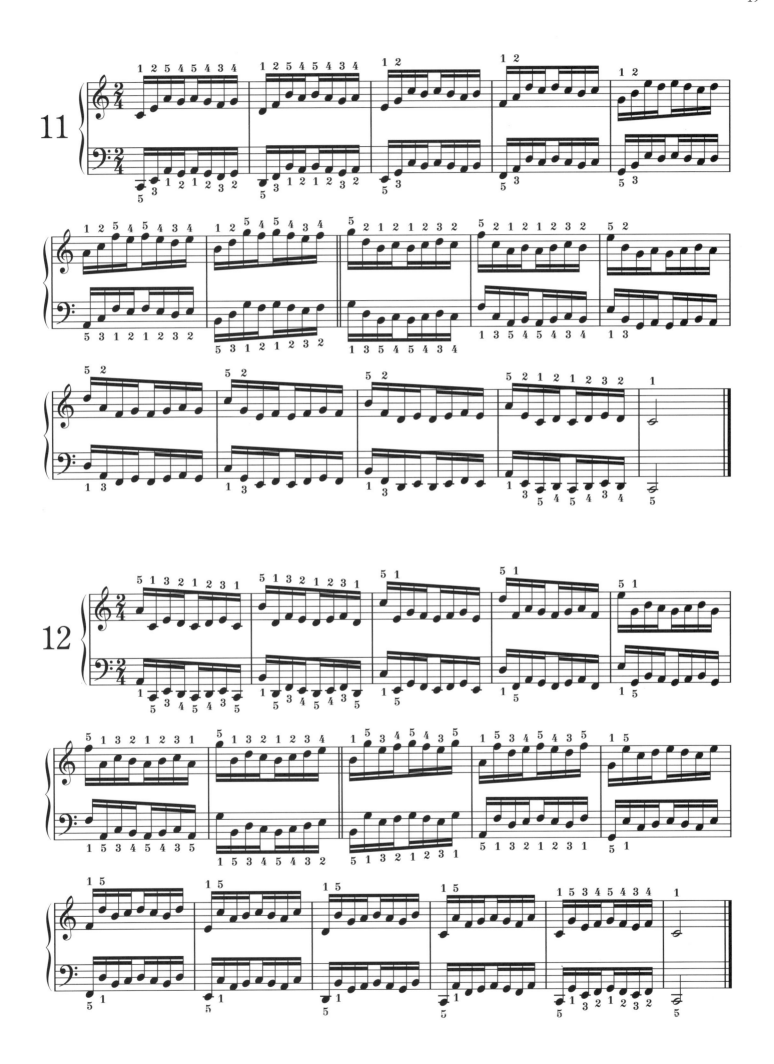

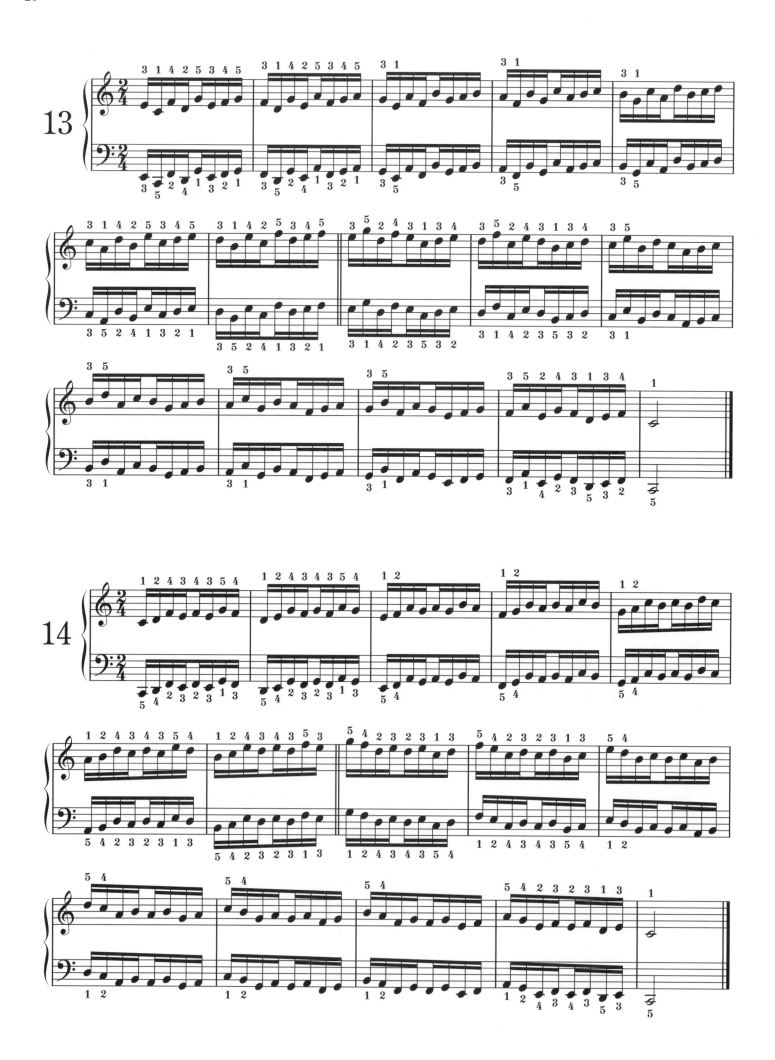

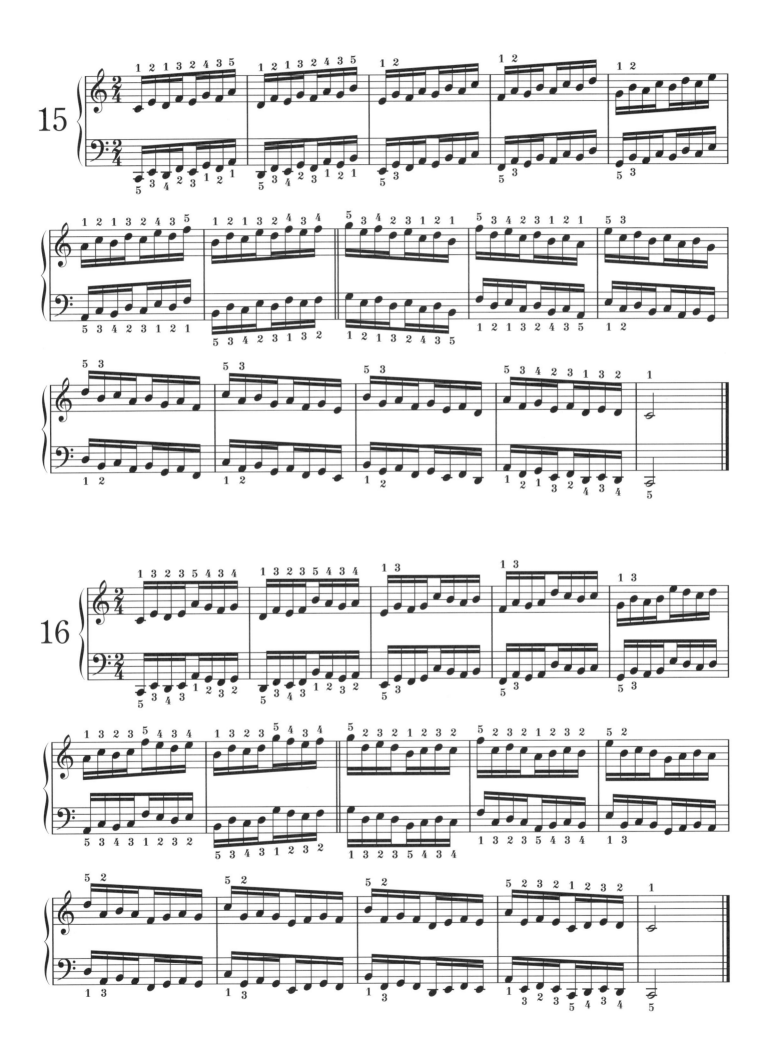

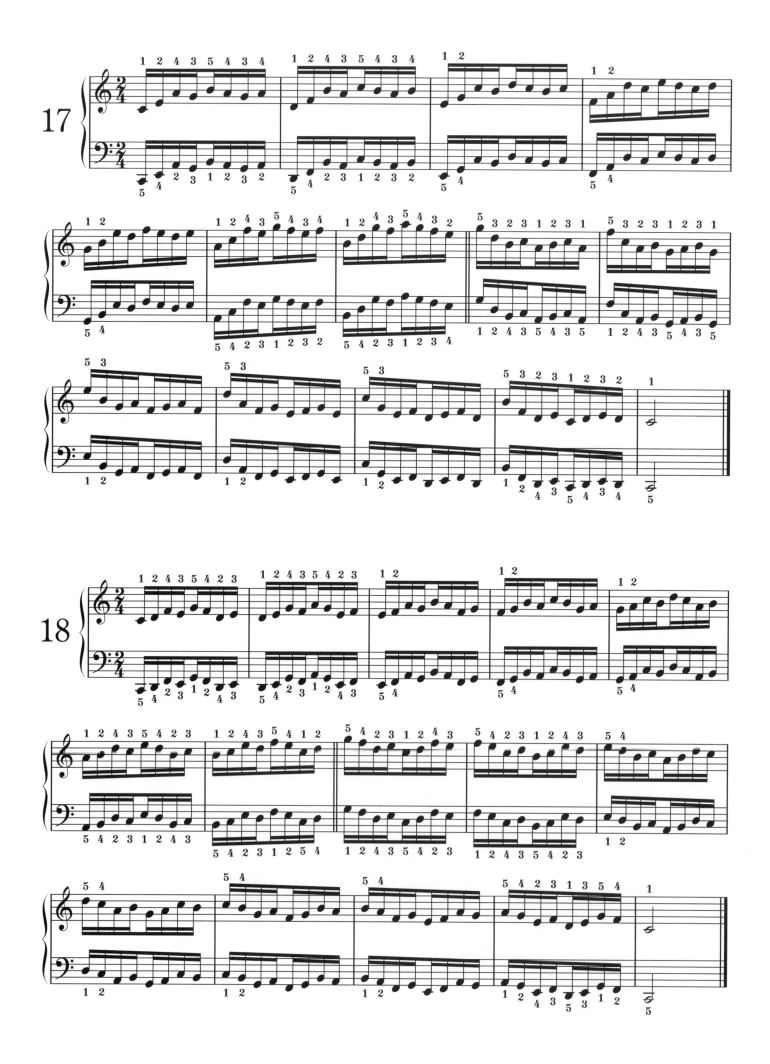

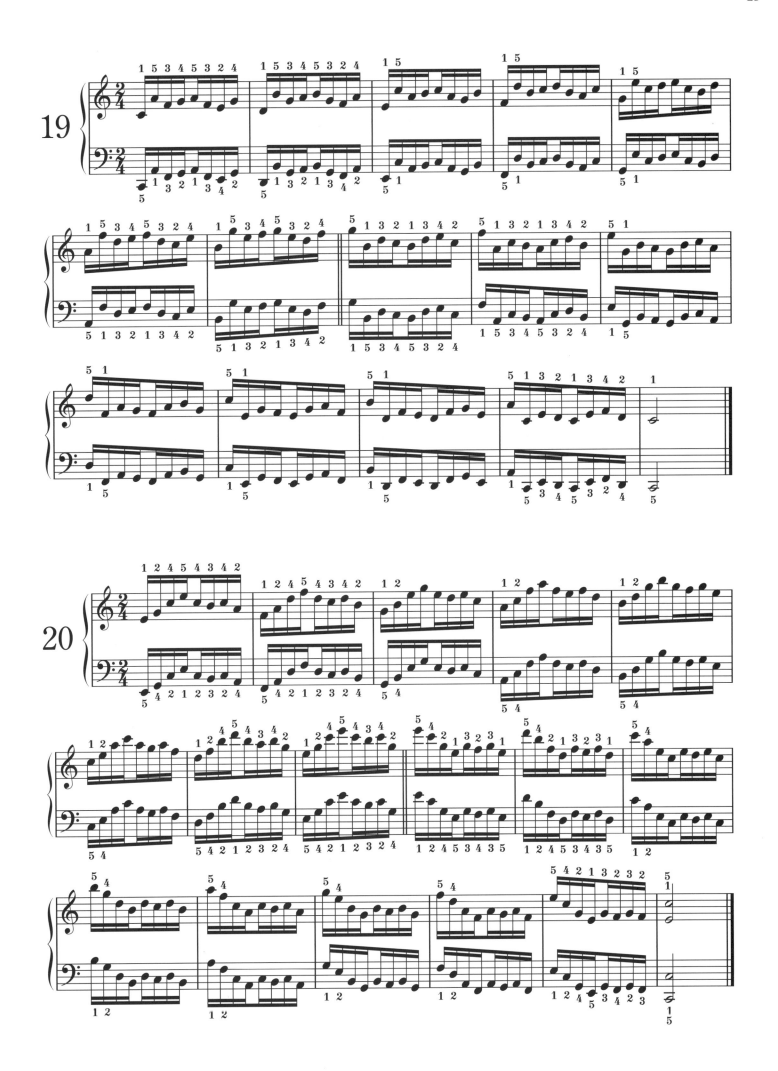

エクササイズ3のまとめ

ハ長調 - C dur - C Major

ト長調 - G dur - G Major

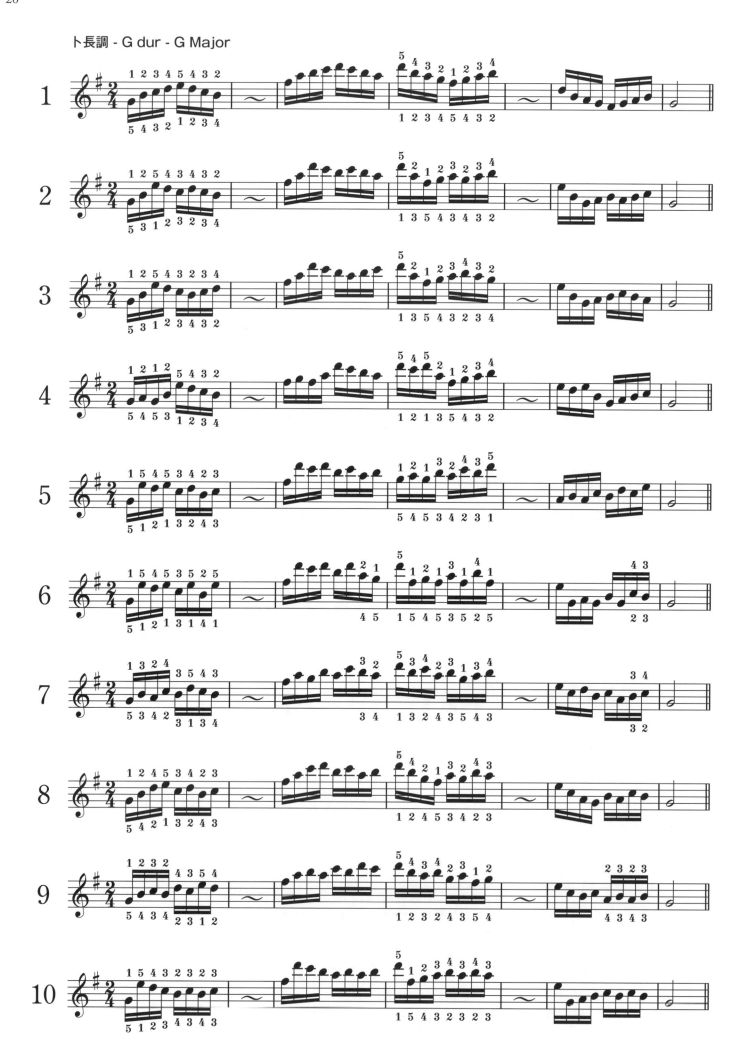

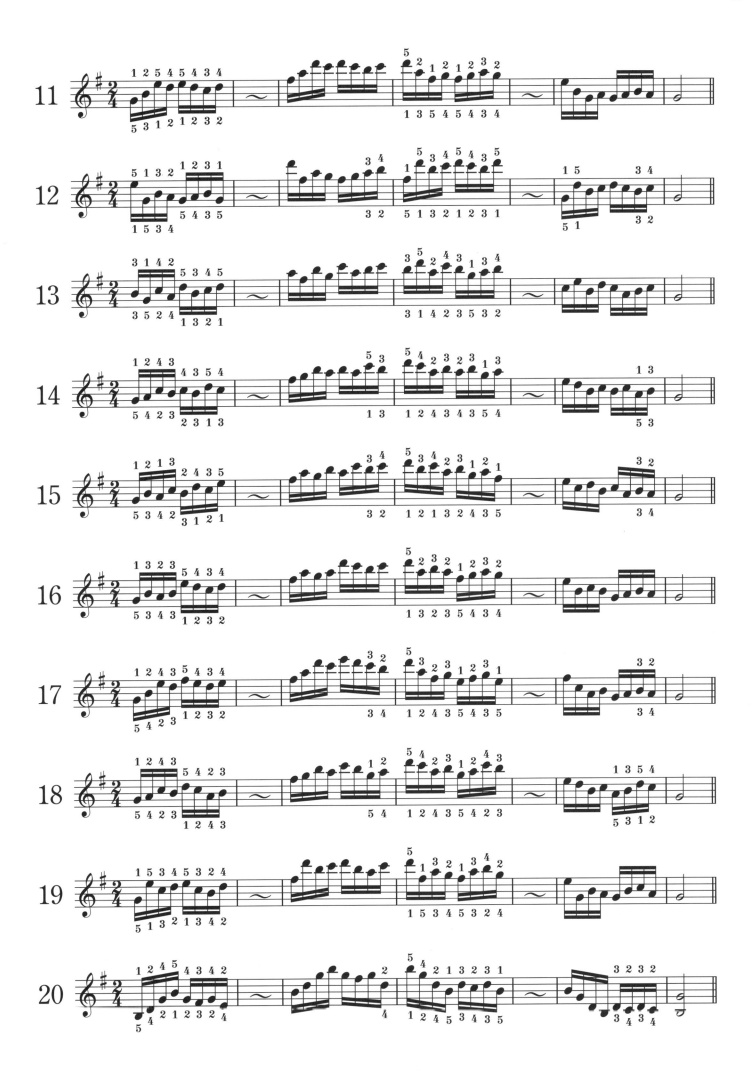

二長調 - D dur - D Major

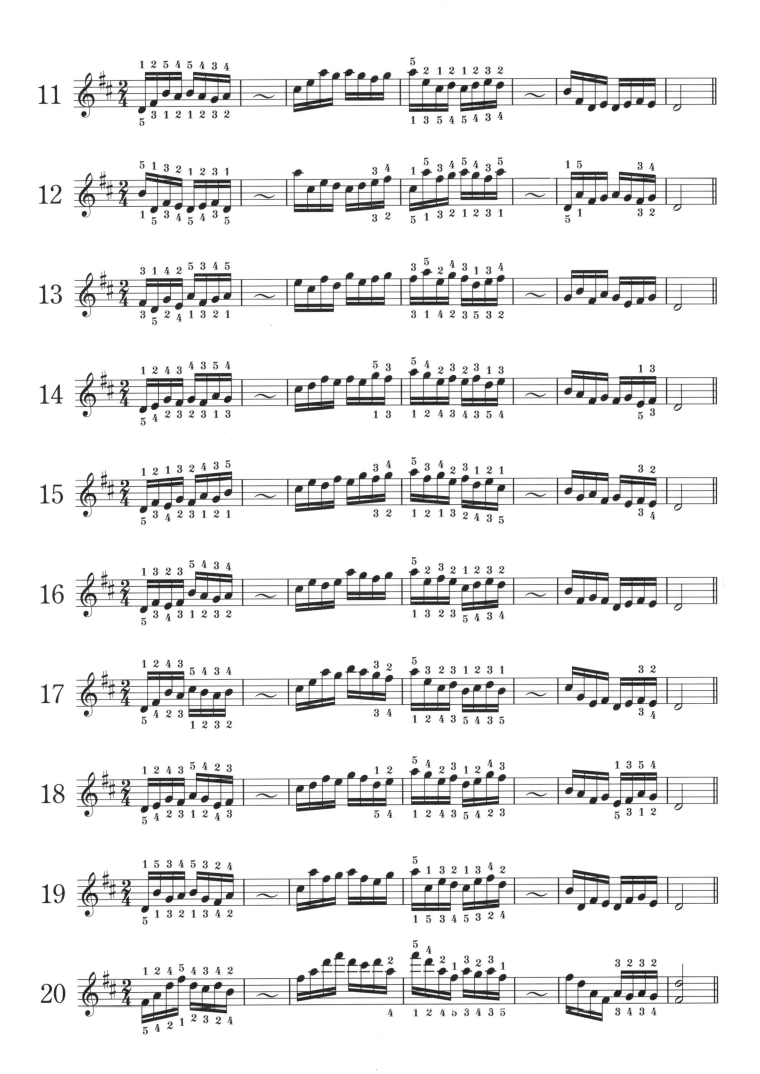

イ長調 - A dur - A Major

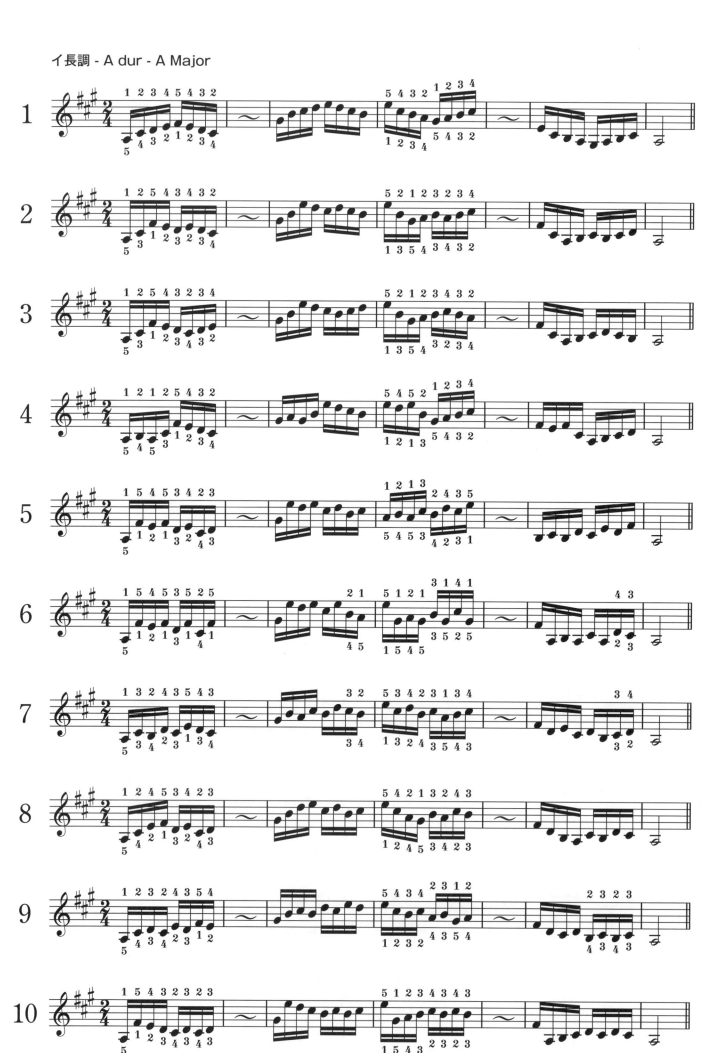

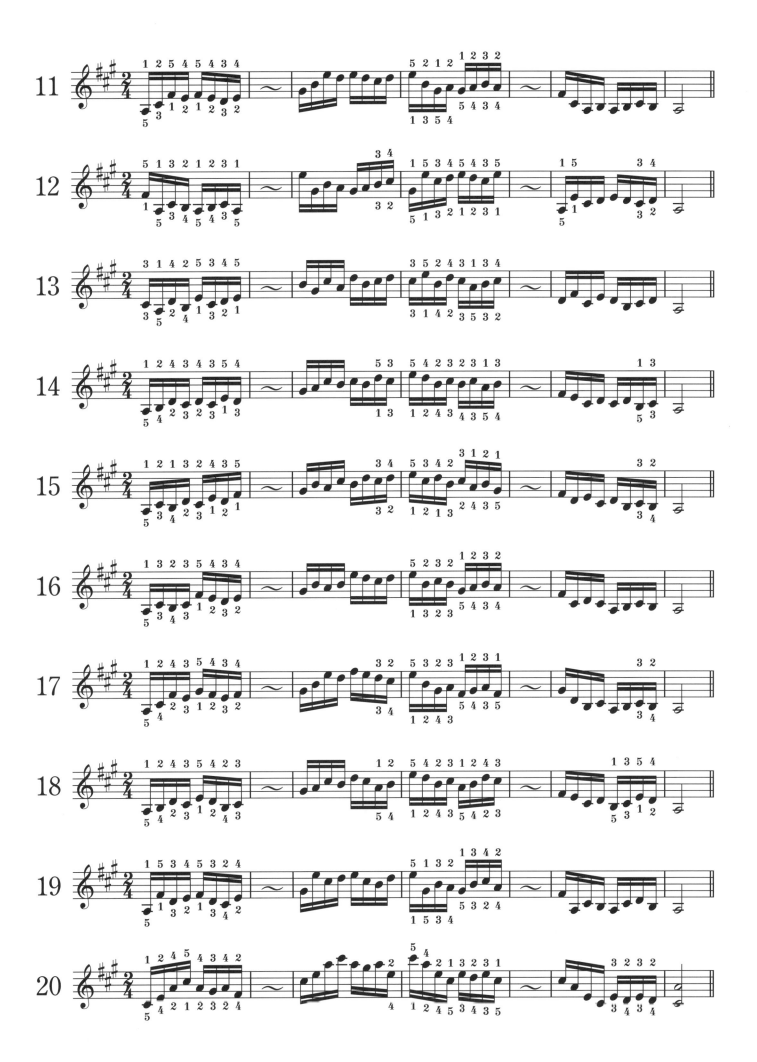

ホ長調 - E dur - E Major

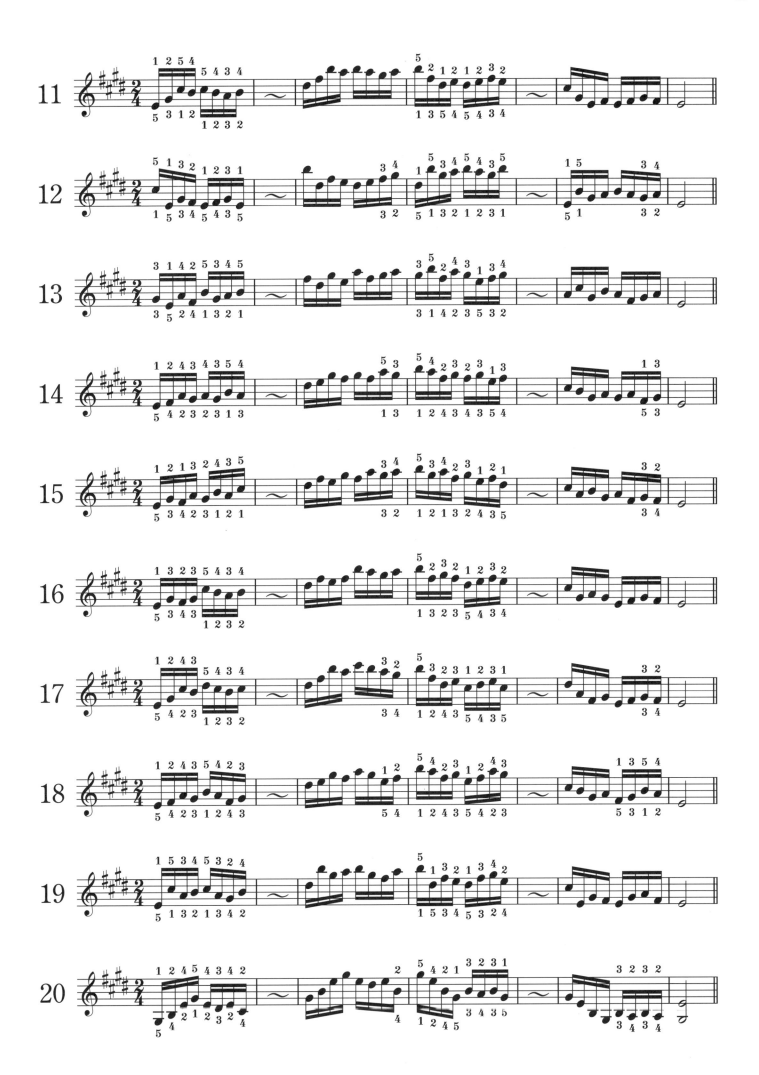

ロ長調 - H dur - B Major

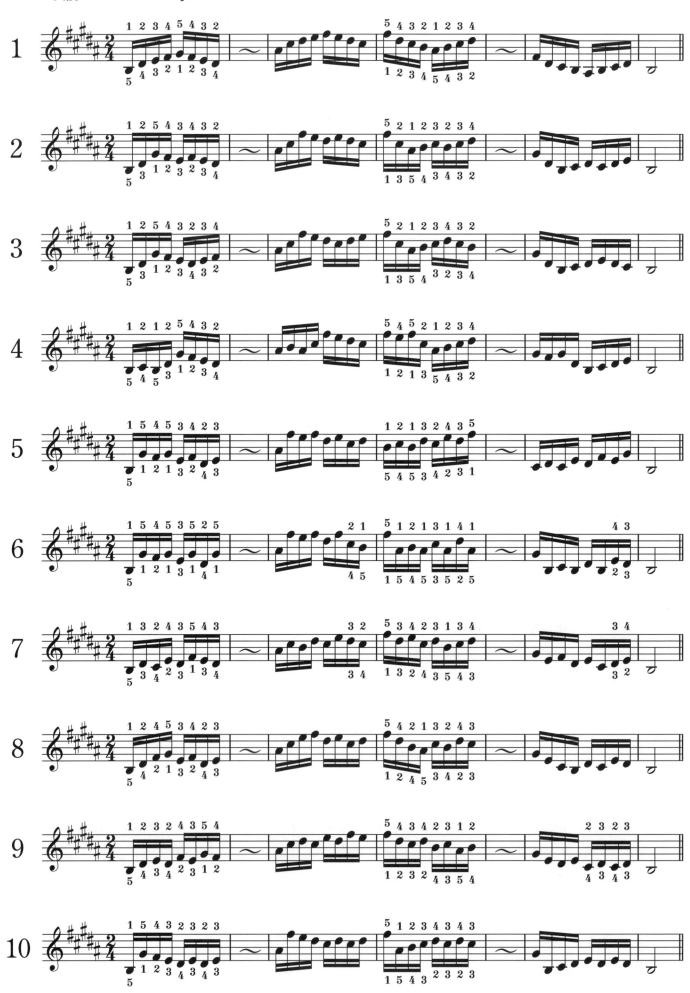

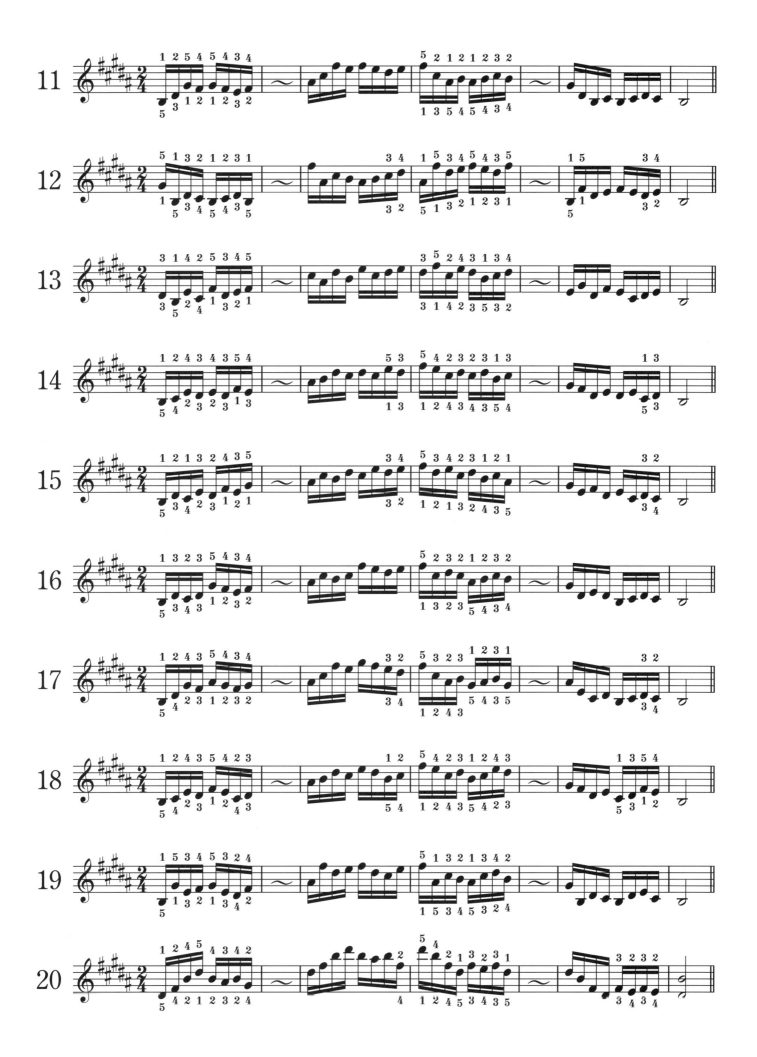

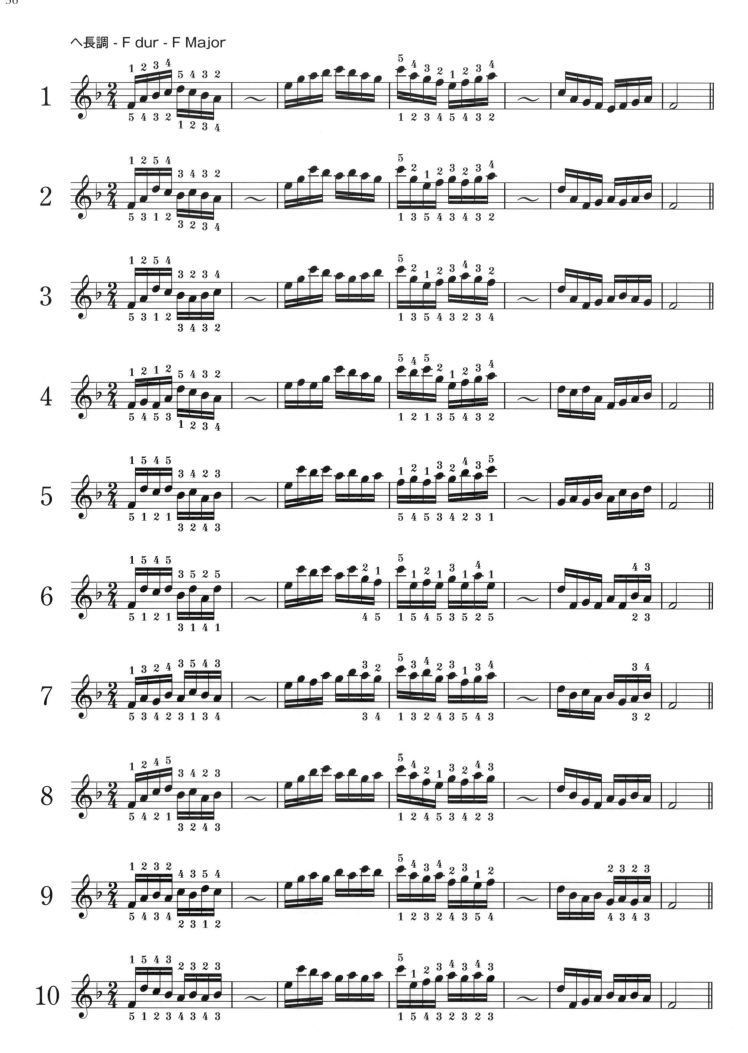

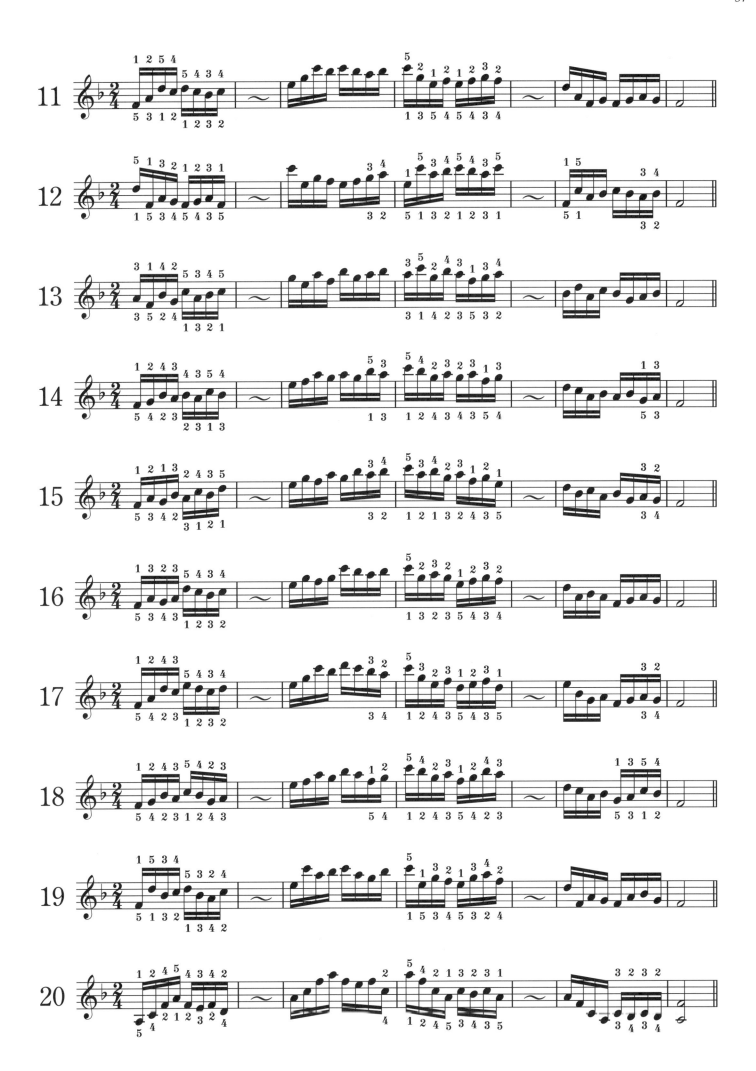

変ロ長調 - B dur - B♭ Major

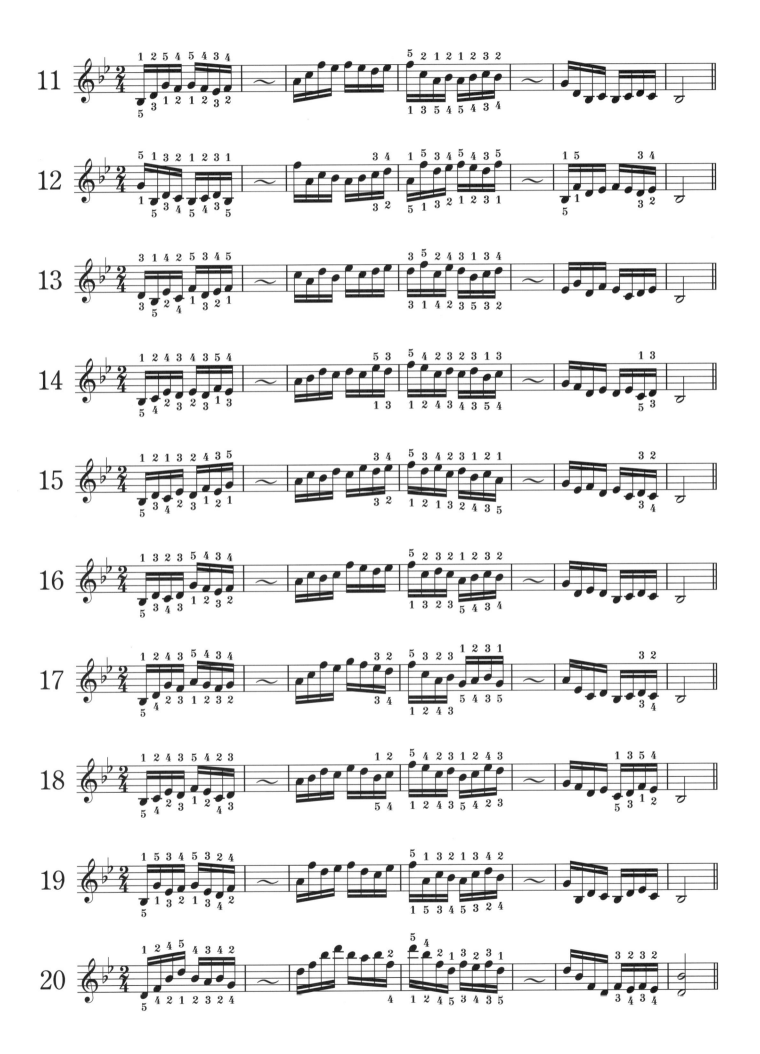

変ホ長調 - Es dur - E♭ Major

変イ長調 - As dur - A♭ Major

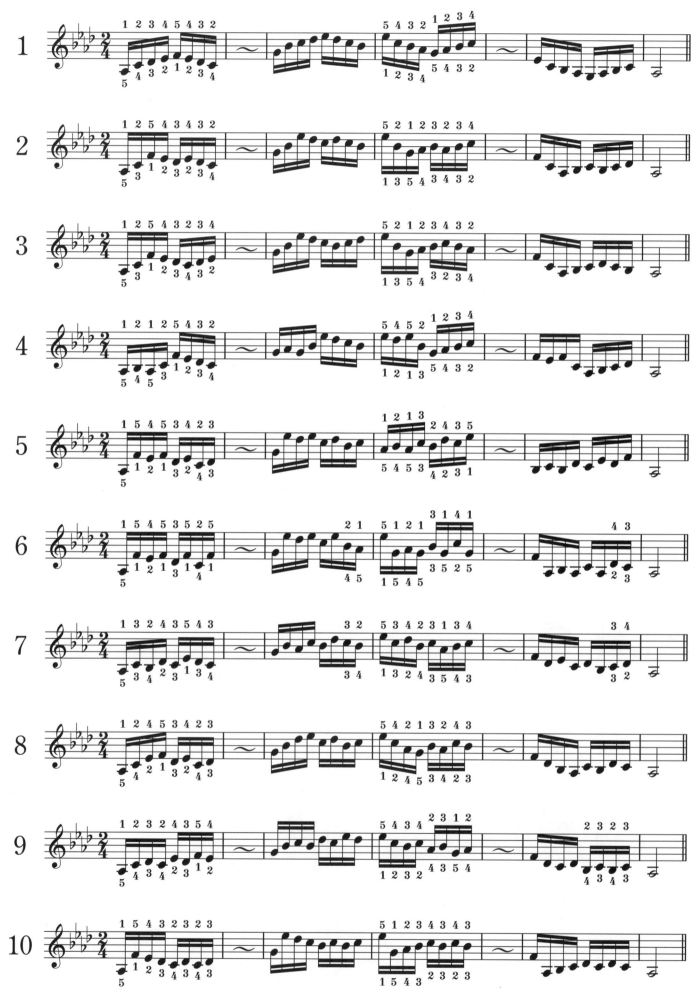

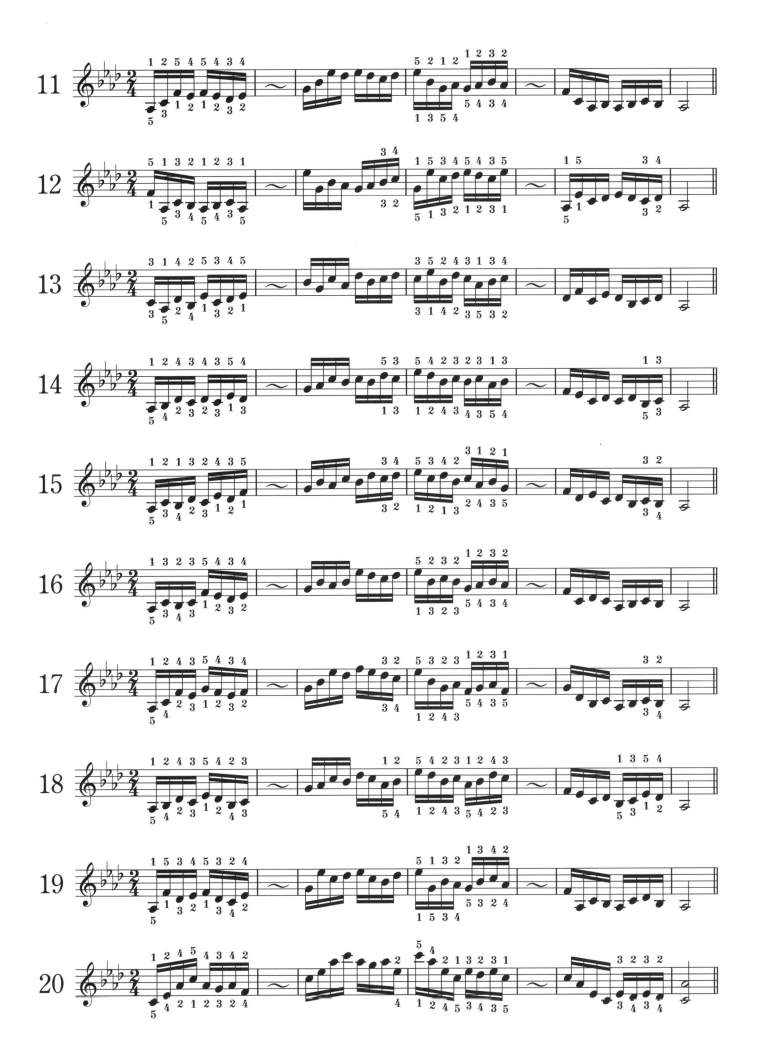

変ニ長調 - Des dur - D♭ Major

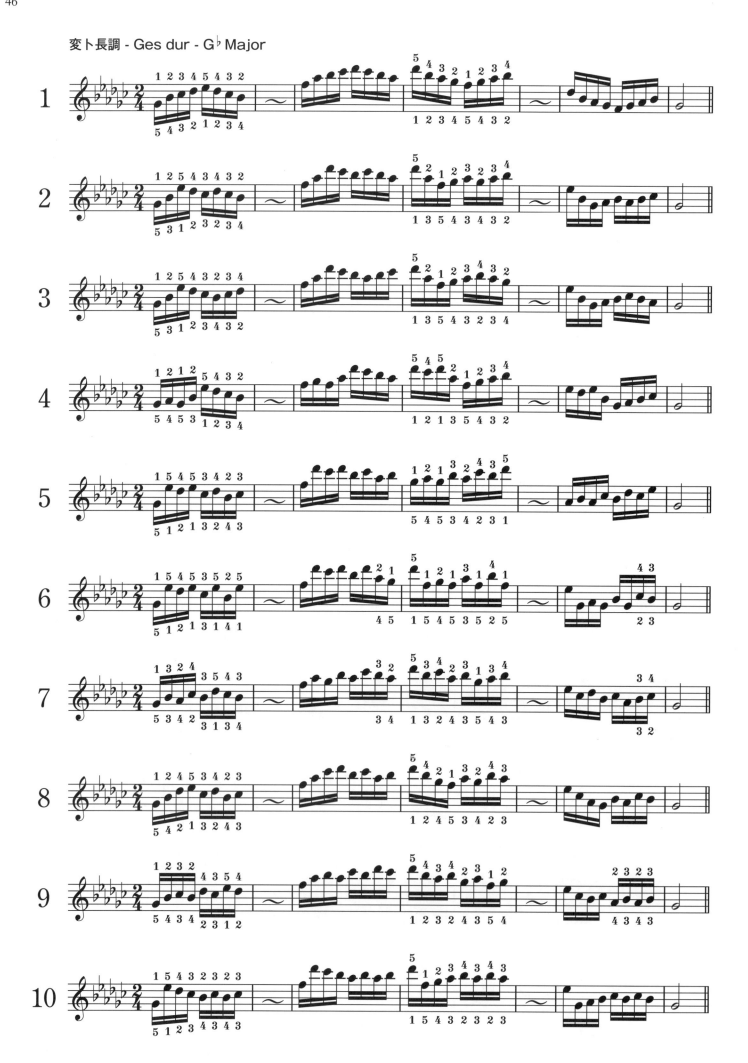

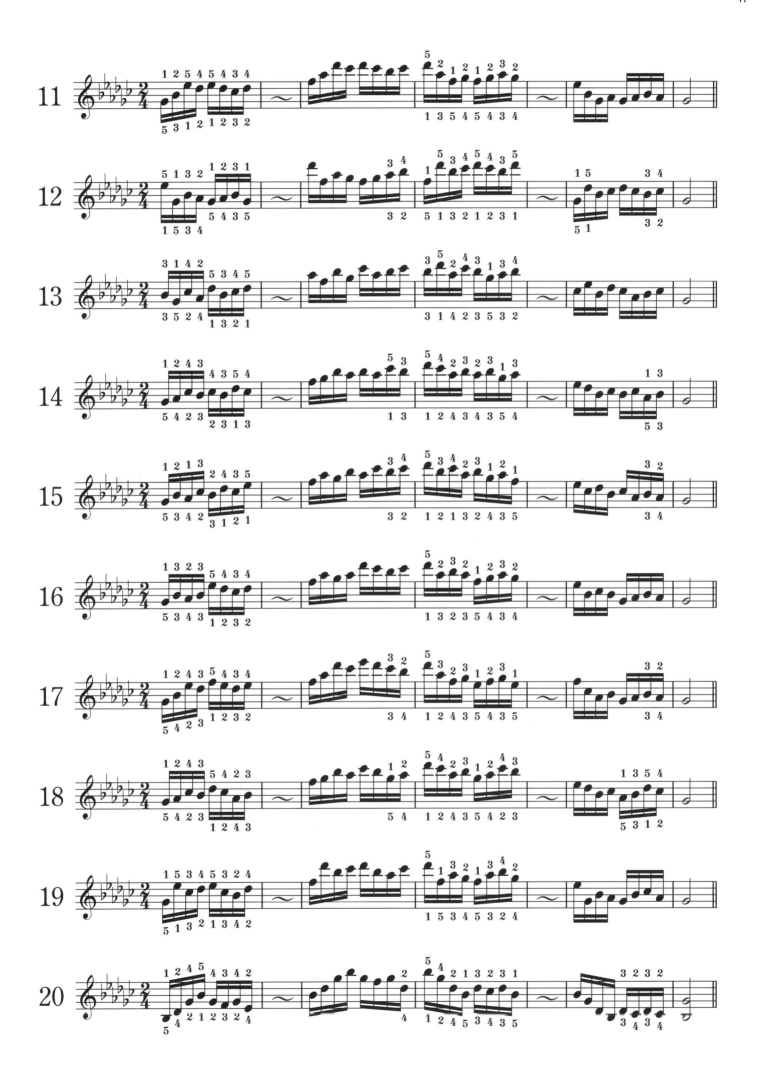

エクササイズ4　　音階

次にスケール（音階）ですが、これも毎日全部の長音階、短音階（和声的短音階と旋律的短音階）とカデンツを弾いてみましょう。ハノンの39番の音階練習は両手で平行に4オクターヴ弾くようになっていますが、人間の手は左右対称なのではじめは混乱してしまいます。一般的な楽曲の音階は片手で弾くことが多く、おまけにほとんどの場合2オクターヴ以内なので、完全に指使いが手の内に入るまでは、左手2オクターヴ、続けて右手2オクターヴの往復にする方が、ずっと効率がいいと思います。

音階は指使いを覚えて慣れるのに時間がかかりますが、初めて練習するのは右手の場合H dur（ロ長調）、左手の場合Des dur（変ニ長調）が最も楽でしょう。ちょうど黒鍵の位置が正しい指使いを導いてくれるだけでなく、**3-1、4-1、1-3、1-4**と指をくぐらせるときの鍵盤の位置が近いからです。けれども左手のDes durは黒鍵から**321-4321**と始まるので最初はトレーナーが少しフォローしてください。

本書は、白鍵から始まる音階と黒鍵から始まる音階をまとめました。また、長調と短調の組み合わせはハノンのように平行調ではなく、バッハの平均律のように同主調にしています。長調と短調をセットにして弾く場合、同じ指使いで弾ける同主調の方がスムーズで覚えやすいからです。

＊白鍵から始まる調性の音階は、長調も短調も指
**　使いが同じです。**
　　右手は、**123-1234-123**…
　　左手は、**54321-321-4321**…
　　ただし例外は、
　　　　F dur, f mollの右手（**1234-123-1234**…）
　　　　H dur, h mollの左手（**4321-4321-321**…）

＊黒鍵から始まる調性の音階は、指使いが変わります。
　長調の場合：
　右手は、F durと同じようにBの音（Fis durの場合
　　　　はAis）に**4**の指。

左手は、4番目の音に**4**の指がきます。
　　　　321-4321-…
　　　　（Ges durのみ**4321-321**…）
短調の場合：
右手は、ほとんど**4**の指がB、あるいはAisにきます。
　　　　ただし、cis mollの和声的短音階と旋律的
　　　　短音階の下行のみ**4**の指はDisにきます。
　　　　ちょっと厄介なのはfis mollで、和声的
　　　　短音階ではGisに**4**の指がきますが、旋律
　　　　的短音階の上行ではDis、下行はGisにき
　　　　ます。
左手は、ほとんど**4**の指がFisあるいはGesにきます。
　　　　ただしb mollの旋律的短音階の上行のみ
　　　　4の指はGに、gis mollの和声的短音階と、
　　　　旋律的短音階の上行のみCisにきます。

音階は基本的には1オクターヴに1回**4**の指が上行、下行ともに同じ音にきますが、右手のcis moll、fis moll、左手のgis mollの旋律的短音階は例外なので、よく注意して練習してほしいと思います。手が小さくて最後のカデンツのオクターヴが届かない人は、重なる音を省略しても構いません。

音階練習は、その音階特有の指使いを覚えることが大切だと生徒にもよく注意していましたが、ペルル・ミュテールは毎日ハ長調の指使いで、全調の練習をしていたそうです。また、ショパンは全音階を2本の指だけで弾いてみることもあったと言われています。いろいろな練習方法があるのですね。

本書では、白鍵から始まる7つの長調と短調、黒鍵から始まる5つの長調と短調にまとめてあります。指使いが似ているのでスムーズに運び易く、指が慣れるまではストレスがないという配慮によります。

＊白鍵から始まる7つの長調と短調
　C: c:→G: g:→D: d:→A: a:→E: e:→H: h:→F: f:

＊黒鍵から始まる5つの長調と短調
　　B: b:→Es: es:→As: gis:→Des: cis:→Ges: fis:

　全調の音階が弾けるようになったら進行の仕方、順序を変えてみるといいでしょう。
　いくつかのパターンをご紹介します。

①ハ長調から平行調のイ短調、ハ長調の下属調のヘ長調、そしてその平行調と続きますが、主音が3度ずつ下がっていくので進行しやすい流れです。ハノン "Le Pianiste Virtuose en 60 Exercices" の音階もこの順番を採用しています。
　C: a:→F: d:→B: g:→Es: c:→As: f:→Des: b:→Ges: es:→H: gis:→E: cis:→A: fis:→D: h:→G: e:

②ハ長調から平行調のイ短調、ハ長調の属調のト長調、そしてその平行調と続きますが、主音が3度・2度と下がっていくので進行に少し注意が必要です。けれども属調に進むことで音楽が前に進む、あるいは高まるような表現ができます。ショパンの前奏曲Op.28の24曲がこの進行で作曲されています。
　C: a:→G: e:→D: h:→A: fis:→E: cis:→H: gis:→Ges: es:→Des: b:→As: f:→Es: c:→B: g:→F: d:

③ハ長調から同主調のハ短調、半音上がって変ニ長調、その同主調（異名同音の嬰ハ短調）…と進みますが、J.S. バッハが平均律曲集第1巻、第2巻それぞれ24曲ずつでこの進行を使っています。
　C: c:→Des: cis:→D: d:→Es: es:→E: e:→F: f:→Ges: fis:→G: g:→As: gis:→A: a:→B: b:→H: h:

④ハ長調から同主調のハ短調、ハ長調の属調のト長調、そしてその同主調と続きます。ギロックの「叙情小曲集」の24曲はこの進行で書かれています。バッハとショパンの並べ方の中間といえるでしょう。
　C: c:→G: g:→D: d:→A: a:→E: e:→H: h:→Ges: fis:→Des: cis:→As: gis:→Es: es:→B: b:→F: f:

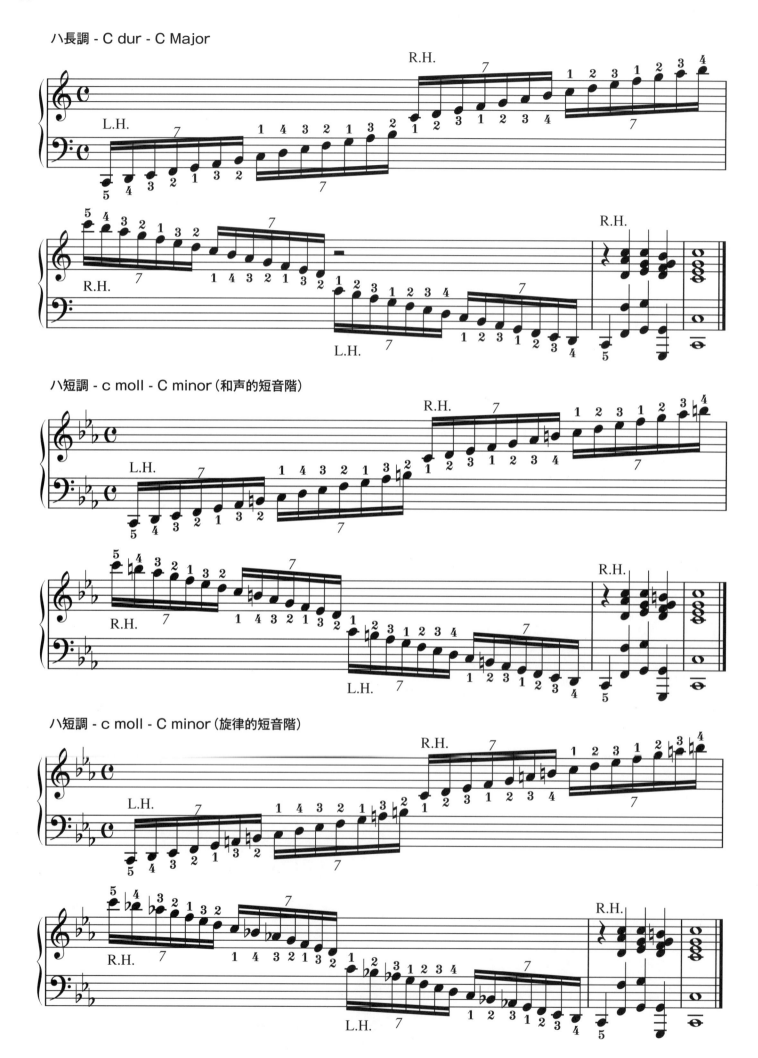

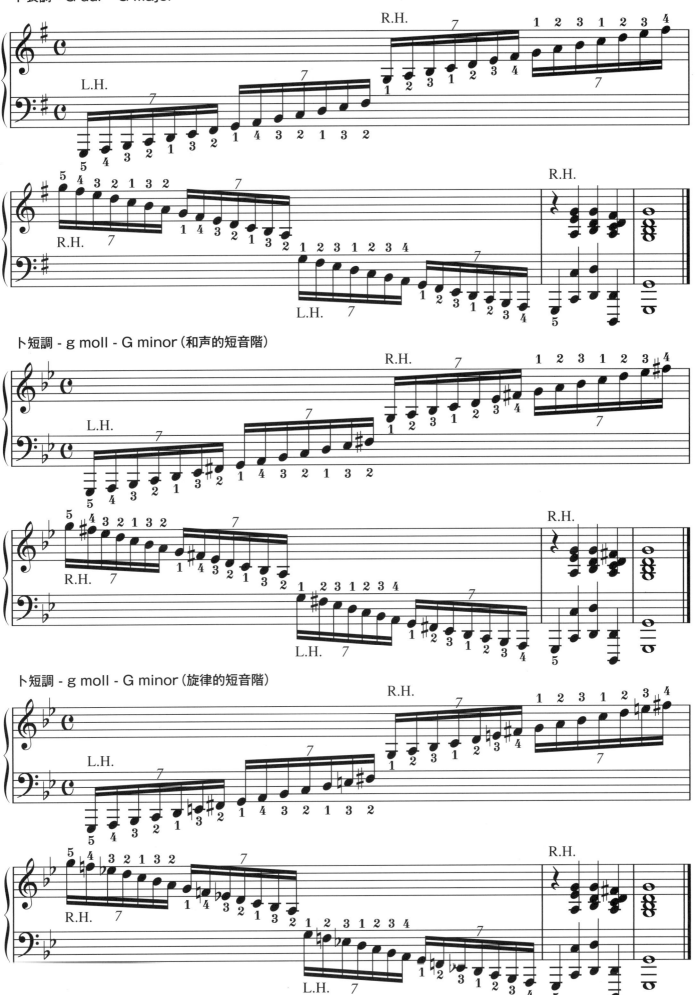

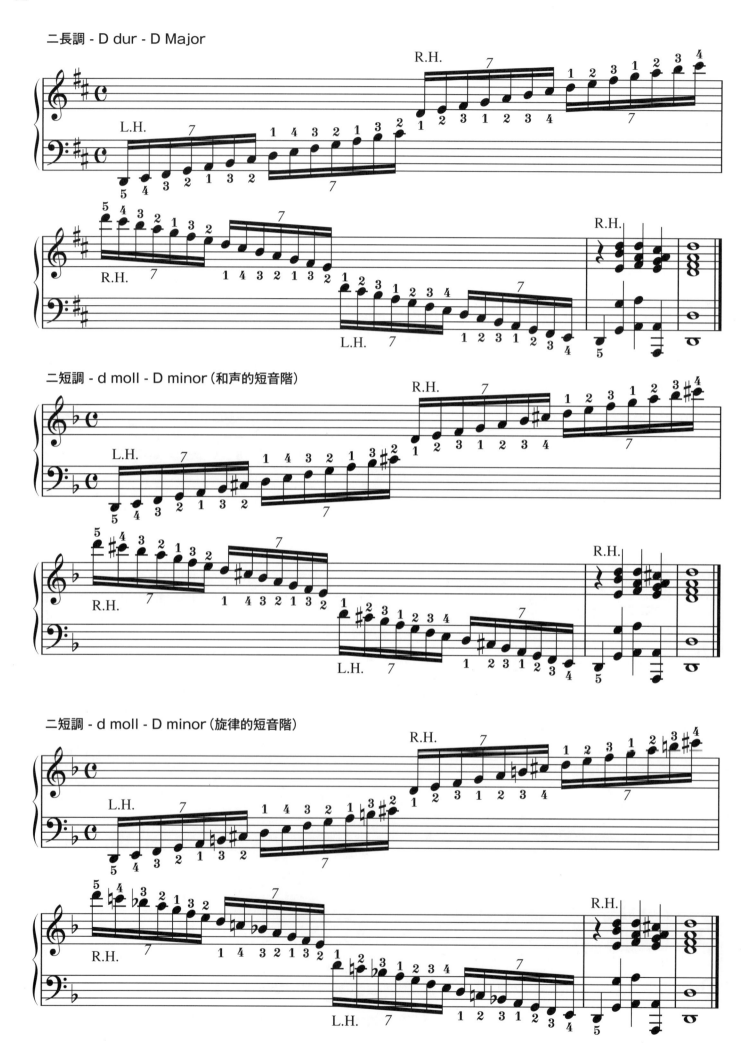

左手の指使い注意

ロ長調 - H dur - B Major

ロ短調 - h moll - B minor（和声的短音階）

ロ短調 - h moll - B minor（旋律的短音階）

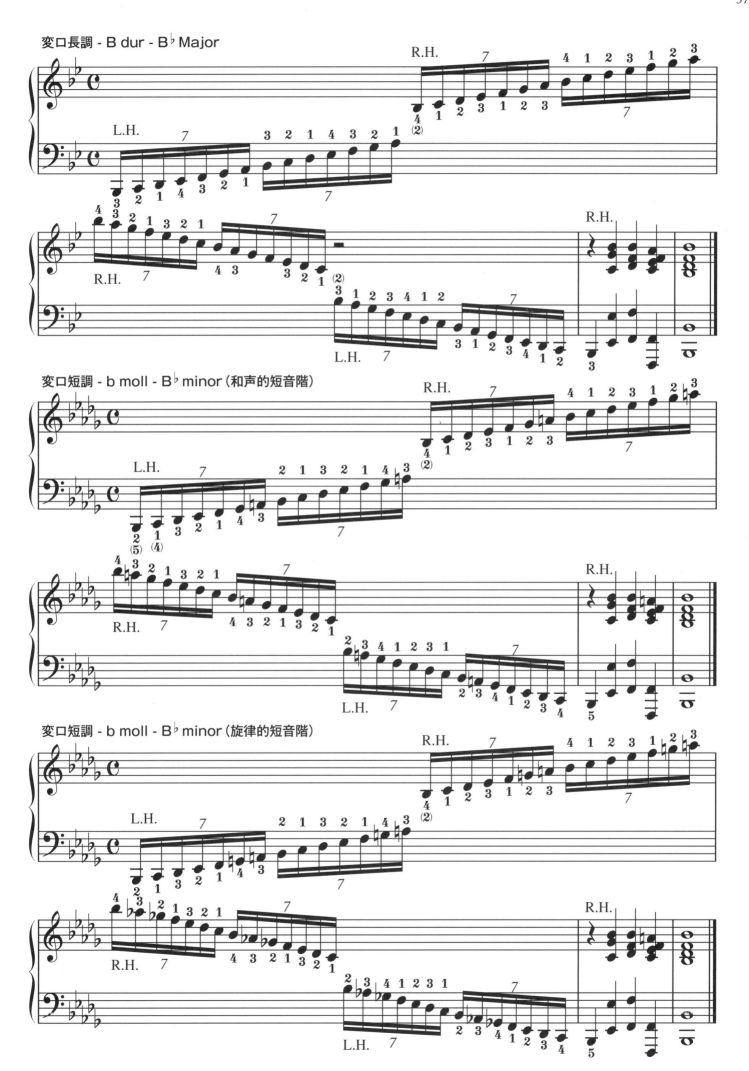

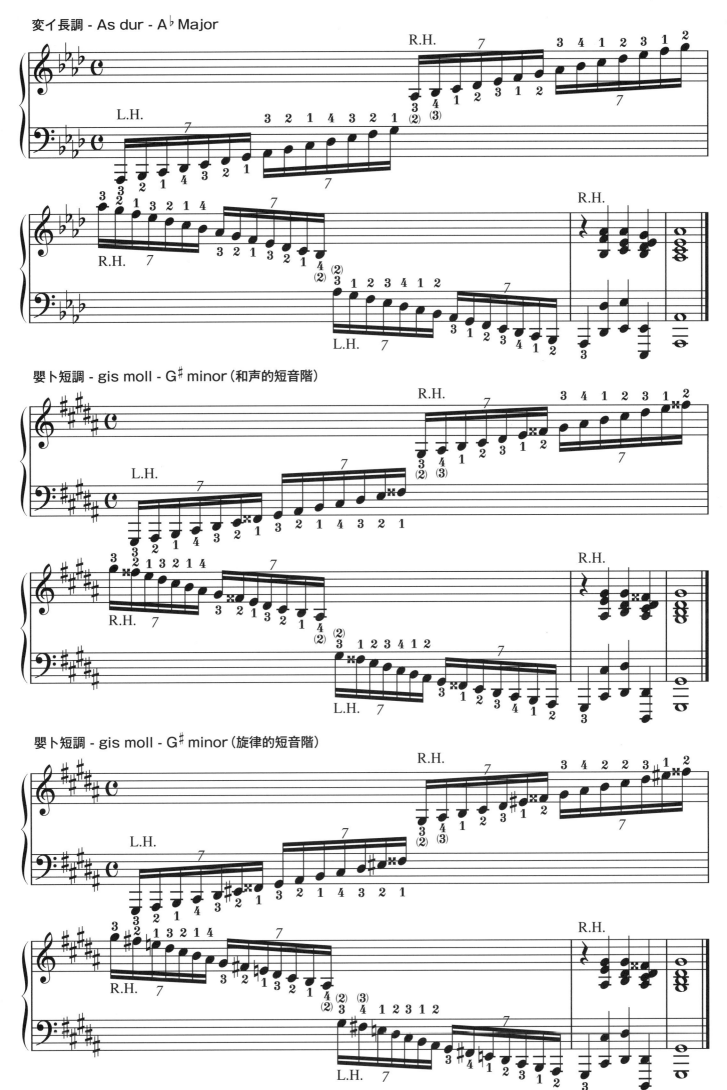

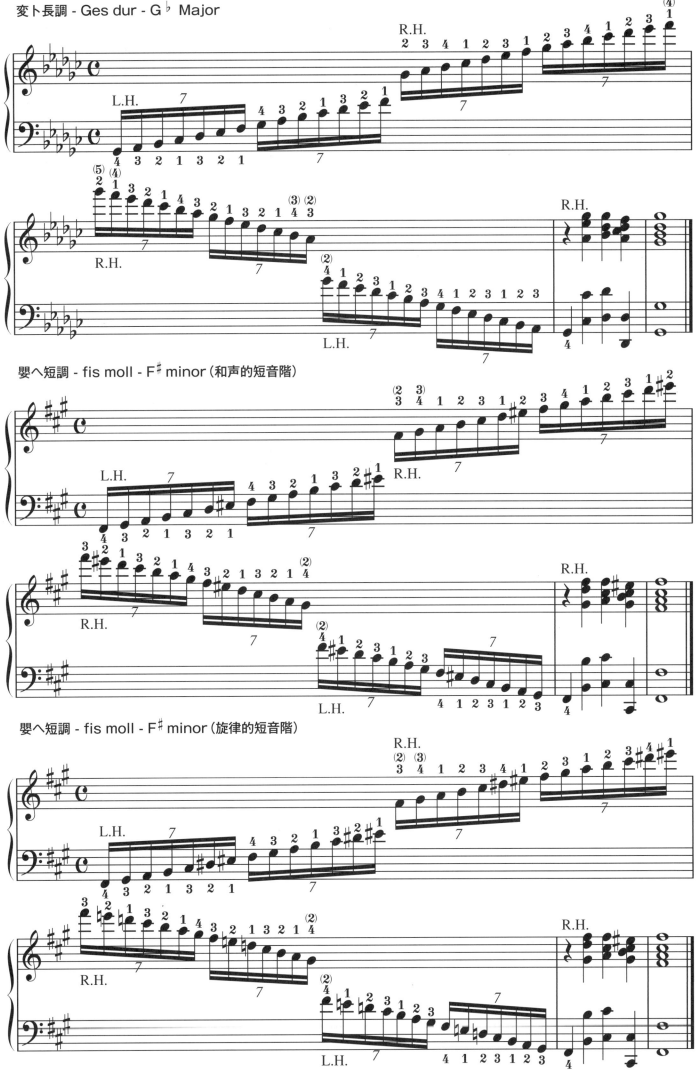

エクササイズ5 半音階

　半音階は少しレベルの高い曲になるとたくさん登場してきます。1種類しかありませんが、ハノンでは4の指を使わないエクササイズになっています。けれども実際に作品を演奏する時は4の指を使うほうがずっと効率がいいので、この楽譜にある指使いを身につけておくと便利です。試してみてください。

　4の指は右手Ais（B）、左手Fis（Ges）に使います。片手ずつ練習しましょう。

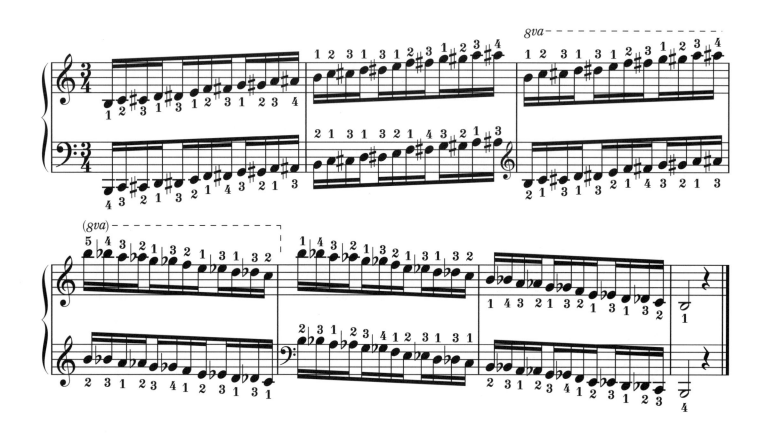

エクササイズ6 アルペッジョ

　アルペッジョ（分散和音）は手の小さい人には少し難しいテクニックですが、とてもよく使われているので、基本的なパターンをマスターしましょう。

　ハノンではGes dur（変ト長調）とes moll（変ホ短調）以外は黒鍵に親指を使わない指使いにしてありますが、実際の演奏では音楽の流れからいろいろな指使いで弾く必要があるので、続けて弾く場合は、左手は長調が**5321-321**、短調が**5421-421**、右手は長調、短調とも**123-1235**を使ってもいいと思います。

　調性もこの楽譜ではバッハの平均律の並び方と同じく、ハ長調からハ短調（同主調）に進み、主音が半音ずつ上がっていく並びにしてあります。

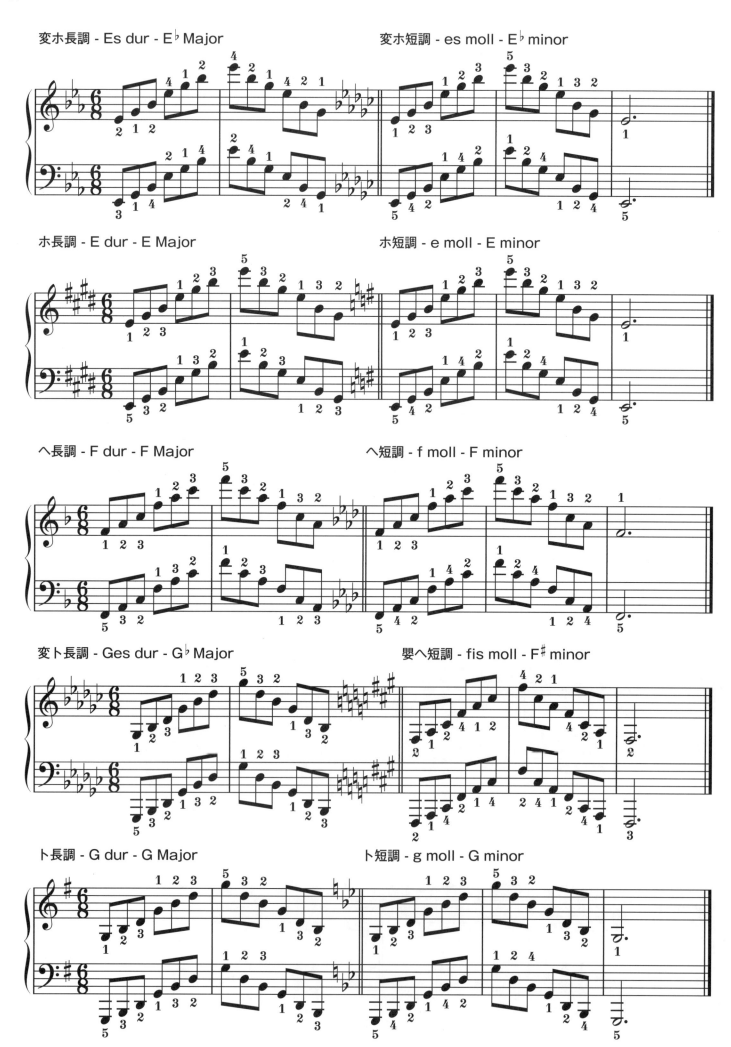

変イ長調 - As dur - A♭ Major

嬰ト短調 - gis moll - G# minor

イ長調 - A dur - A Major

イ短調 - a moll - A minor

変ロ長調 - B dur - B♭ Major

変ロ短調 - b moll - B♭ minor

ロ長調 - H dur - B Major

ロ短調 - h moll - B minor

脳から指へ九九のようにスラスラ
読譜力、初見力が向上

BASIC
HANON

エクササイズ7　苦手な指の動きをチェックしてみましょう

　このエクササイズで、苦手な指の動きをチェックしてみましょう。

　1本の指だけ音を持続し、あとの4本の指をいろいろな組み合わせで動かしてみると、どのパターンがスムーズに動かないかを知ることができます。そのエクササイズをハノンの前のウォーミングアップにしばらく使うと、より楽にハノンを進めることができるでしょう。

　それぞれ6パターンずつのエクササイズを取り上げましたが、苦手なパターンは16分音符のはじめの音を拍の頭の音にするだけでなく、2つ目の音、3つ目、4つ目の音に小さなアクセントをつけて弾いてみると、よりスムーズな神経回路を作ることができます。特にポリフォニックな楽譜の譜読みが苦手な人には、効果的なエクササイズです。

　ハ長調のみ表記しましたが、もちろんいろいろな調性で試してみましょう。

　ショパンの手の音型は、より自然な指の動きを目指すものですが、少し高度になるので、無理のないように練習してください。

白鍵のみで

ショパンの音型で

五度圏について

1. 五度圏とは、ある調を基調とし、時計回りに完全5度ずつ上行して、1オクターヴの全12音を循環させた図です。
2. この五度圏では平行調のほかに、同主調も掲載しました。
3. 隣りどうしの調は完全五度の関係です。
4. 平行調とは、調号を同じくする長調と短調の関係です。
5. 同主調とは、同じ主音を持つ長調と短調の関係です。
6. 調名は日本語とドイツ語を併記しています。

    長調（Dur）は大文字—ハ長調C: , 変ロ長調B: , 変ト長調Ges: , ～

    短調（moll）は小文字—イ短調a: , ト短調g: , 変ホ短調es: , ～
7. 嬰へ長調（Fis:）は変ト長調（Ges:）と、嬰ハ長調（Cis:）は変ニ長調（Des:）と異名同音のため省略しています。
8. 五度圏内の→は各調間の関係を示しています。

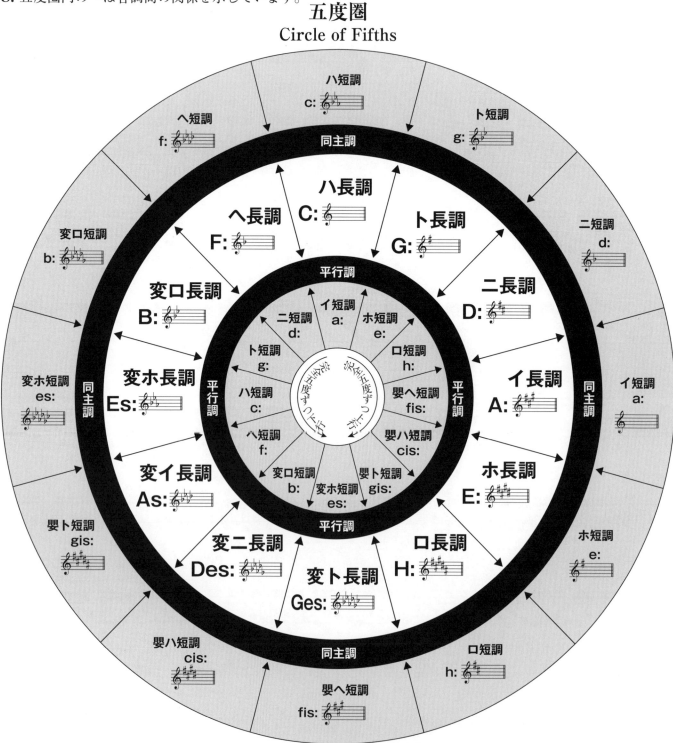

あとがき

　人間の手の能力は計り知れないものがあります
が、それぞれ人によって持っている手が違うので、
当然訓練の方法も違ってきます。さらに、ピアノの
演奏テクニックも時代によって、作曲家によって求
められるものが変化してきているので、多くの人が
迷うところですが、何はともあれ自分の思い通りに
動かせる手、指を作りましょう。

　ここでは必要最低限のエクササイズを紹介しまし
たが、最終的には自身で練習方法をアレンジしなが
ら進めてください。そしてハノンはピアノを演奏す
る時の準備体操として、あるいは短時間で指の機能
をキープするために使ってください。ピアノがない
ところでは、エァーピアノでも可能で、自分の膝の
上でハノンの音を頭で描きながら指を動かします。
指を動かせない所なら、頭の中でシミュレーション
するだけでもウォーミングアップ効果があります。

　ピアノの演奏に必要なエネルギー源としての身体
の重力、筋力、スピードをそれぞれ自分の描きたい
音楽を通して意識し、これらをバランスよく使って
一生ピアノを続けていってほしいと思います。

　ピアノという楽器はとても大きな楽器ですが、自
分で持って演奏しなくてもいいので、本当は身体に
もっとも楽な楽器です。そのため、80歳、90歳の現
役のピアニストも世界中にたくさんいます。私自身、
60年間ピアノを弾いてきましたが、身体的には今が
一番楽に演奏できるような気がします。

　今はコンクールの低年齢化などで、若いピアニス
トの活躍が目立ちますが、できたらなるべく高齢の
ピアニストの演奏も見て、聴いて欲しいと思います。
なぜなら、「高齢まで演奏活動を続けられた」とい
うのが、正しい奏法で弾いてきた何よりの証拠です
から…

　85歳の美しく瑞々しいルビンシュタインの演奏は
忘れられませんし、95歳で初来日したホルショフス
キーの、究極の自然体ともいえる演奏には感動した
だけでなく、ゆっくりゆっくりいいものを大切にし
て生きていく姿勢を教えられたような気がします。

　人の心には世界中の言葉を使っても表わすことが
できない複雑な思いがあります。「言葉が尽きた所か
ら音楽が始まる…」と言われますが、私たちは年を重
ねるごとにさまざまな体験をします。いろいろな感
情が芽生え、表現したいものが自分の中に育ってき
た時にこそ音楽が必要です。子供時代のお稽古事と
してだけのピアノではなく、大人になってからも続
けられるピアノであってほしいと思います。

　エクササイズを効率よくマスターすることで基礎
力を身につけ、音楽の楽しみが少しでも楽に引き寄
せられましたら幸いです。

　最後に音楽をする立場を内側から理解し、支えて
くださいました門田たま子さんとハンナ出版社に心
からの感謝を申し上げます。

　　　　　　　　　　　　　　　　　　　伊藤 仁美

〔著者プロフィール〕

伊藤仁美(いとう　ひとみ)　ピアノ

　桐朋学園大学ピアノ科卒業。全日本学生コンクール入賞。NHK洋楽オーディション合格。ソロリサイタル、室内楽のほか交響楽団とコンチェルト共演、テレビ、ラジオFM放送などにも出演。全国各地でトークコンサートなどの演奏活動や公開講座、コンクール審査、執筆活動など幅広く活躍している。

　ソロのリサイタルは、朝日新聞にて年間ベスト3、電気文化会館のアンコールコンサートなどにも選出。2005年には、名古屋音楽ペンクラブ賞を受賞。

　ギロックのCDをフォンテックやビクターエンターテインメントからリリース、フィビヒ、ドヴォルジャーク、ヤナーチェクなどチェコの作曲家の「ピアノ作品集」を校訂した楽譜とCDが全音楽譜出版社から出版される。ヤマハミュージックメディアからは、ギロックの「叙情小曲集」「ピアノ小品集」と「チェコ連弾曲集」の校訂楽譜(CD付)を出版。その他、「リスト作品集」をビクターエンターテインメントから、「ブルクミュラー」のCDを全音楽譜出版社からリリースする。

　2013年、2014年にはプラハ・イエジェク音楽院にてミュージックキャンプ・プラハのピアノ講師を務める。

　ギロック協会主宰。金城学院大学元非常勤講師。

脳から指へ九九のようにスラスラ
読譜力、初見力が向上

BASIC HANON

2017年7月28日　　初版発行
2024年2月26日　　第5版発行
定　　価　　1,760円(本体1,600円+税10%)
編　　著　　伊藤仁美
編　　集　　門田たま子／ハンナ編集部
発 行 人　　井澤彩野
発 行 所　　株式会社ハンナ
　　　　　　〒153-0061
　　　　　　東京都目黒区中目黒3-6-4中目黒NNビル2F
　　　　　　Tel　03-5721-5222
　　　　　　Fax　03-5721-6226
　　　　　　https://www.chopin.co.jp
製　　作　　株式会社ホッタガクフ